# Q&A 「若手」弁護士からの相談99問

## 相談 弁護士からの 99問

### 特別編 リーガルリサーチ

京野哲也 編著

ronnor
dtk 著

日本加除出版株式会社

# は じ め に

　本書は「Q＆A若手弁護士からの相談」シリーズの第4弾です。第1弾では一般民事で頻出の悩ましい法律問題に対する回答の指針を，第2弾では企業法務で頻出の悩ましい法律問題に対する回答の指針を，そして第3弾ではコミュニケーションやキャリアの悩みへの回答の指針を示してきました。このような経緯を踏まえ，第4弾となる本書では実務家のためのリーガルリサーチをテーマにしています。そのため，学術目的のリサーチを念頭に置いているものではなく，また，リーガル（法的）ではない一般的なリサーチを検討の対象としているものでもありません。

　法律問題に関する悩ましい事案への個別具体的な回答は，実際に「その事案」に直面した場合には大変有用です。第1弾及び第2弾が好評を博し，シリーズ化することができたのは，このようなニーズに応えることができたからでしょう。しかし，読者の皆様が悩まされている目の前の事案全てをズバリと網羅することは必ずしも容易ではありません。もちろん，本シリーズを100冊刊行する等，分量を増やし，設問を具体化・細分化して対応するという方法もありますが，著者らの執筆速度や専門性のことを考えるとなかなか現実的ではありません。

　そこで，著者らは，どのようにすれば悩ましい法律問題の回答にたどり着けるかという，リーガルリサーチに関する若手弁護士や若手法務パーソンの悩みに対する回答を示すことで，即効性はなくても応用力がつき，たった1冊で，場合によっては100冊分の効果があるのではないかと考えるに至りました。

　一度リーガルリサーチの手法を身につければ，たとえどのような悩ましい法律問題に直面しても，リーガルリサーチを行うことで回答にたどり着くことができます。しかし，リーガルリサーチの手法についてはそれを部分的に身につけている弁護士・法務パーソンは多くても，包括的に身につけている弁護士・法務パーソンはそう多くないように思われます。

　そこで，本書は若手弁護士や若手法務パーソンのために実務で必要となるリーガルリサーチの基礎を包括的に解説し，かつ，既にリーガルリサーチを試みたことがある若手弁護士や若手法務パーソンがリーガルリサーチにおいてぶつかる悩みに回答しています。オンラインとオフラインの資料を縦横に使い分けて「回答」にたどり着くまでの道筋を，本シリーズの他の書籍と同様のQ＆A形式で説明し，第1弾〜第3弾へのレファレンスを

付しています。また，「できるだけ具体的なリーガルリサーチのイメージを持ちたい」という読者のために，本シリーズ第2弾の事例や，最近話題になっているトピック等を利用して，リーガルリサーチを実際にやってみた場合にどのような状況が生じ得るか，どのように本書で語られているノウハウを実践すればよいか等を説明したコラムを各章末に掲載しました。特に読者の皆様に理解してほしい内容を具体例に即して説明していますので，是非ご覧ください。

　本書は，第3弾の著者3名で執筆しています。ronnorは，法律系データベース好きであり，4種類の判例データベース，4種類の法律書サブスク等を使っています。その経験に基づき原案を執筆しています。その上で，dtk及び京野の2名がレビューをして完成させています。

　リーガルリサーチの分野では様々な新しい動きが相次いでおり，2024年2月には株式会社Legalscapeと株式会社LegalOn Technologiesが資本業務提携を通じた戦略的パートナーシップを締結したことを発表しました。このような動きの中，本書は2024年4月30日時点の最新情報を基に執筆しています。

　2024年4月

共著者一同（京野哲也＝ronnor＝dtk）

# 凡　例

　文中に掲げる法令等については次の略記とする。

【法令】

PL法 ································· 製造物責任法

個人情報保護法
　 ·········· 個人情報の保護に関する法律

労働者派遣法
　 ······· 労働者派遣事業の適正な運営の
　確保及び派遣労働者の保護等に関す
　る法律

景表法
　 ······ 不当景品類及び不当表示防止法

資金決済法
　 ·························· 資金決済に関する法律

薬機法
　 ··· 医薬品、医療機器等の品質、有効
　性及び安全性の確保等に関する法律

男女雇用機会均等法
　 ······ 雇用の分野における男女の均等な
　機会及び待遇の確保等に関する法律

情報公開法
　 ······ 行政機関の保有する情報の公開
　に関する法律

経済安全保障推進法
　 ······ 経済施策を一体的に講ずること
　による安全保障の確保の推進に関
　する法律

下請法 ······ 下請代金支払遅延等防止法

【参考文献】

第1弾 ·········Q＆A若手弁護士からの相談374問

第2弾 ·········Q＆A若手弁護士からの相談203問　企業法務・自治体・民事編

第3弾 ·········Q＆A若手弁護士からの相談199問　特別編　企業法務・キャリアデザイン

# 目　次

# 索　引

## 第1章　リーガルリサーチの見取り図

第2章以降で，リーガルリサーチの手法を包括的に説明しますが，まずは，第1章では，リーガルリサーチとはどのようなもので，どのようにリーガルリサーチを進めていくかを大まかに説明します。

### §1　リーガルリサーチの意義

**キーワード**【具体的事案】【リスク管理】

**Q**

上司や先輩から，「リーガルリサーチをしなさい」と言われますが，リーガルリサーチとは何ですか。

**A** ･････････････････････････････････････････････････

本書で扱う範囲では，弁護士や法務パーソン（法曹資格の有無を問いません。以下同じです。）が具体的事案を踏まえて，具体的問題意識の存在を前提に，リスク管理を目的として実施する調査プロセスをいいます。換言すれば，目の前に具体的事案があり，それに基づく具体的問題意識をもって生じ得るリスクを検討し，その問題の「答え」とその根拠を探す営為をいいます。

**解　説**

### 1　リーガルリサーチの意義

本書はリーガルリサーチをテーマとした若手弁護士・若手法務パーソン向けの書籍です。

ここでいう「リーガルリサーチ」の意義は論者によって若干異なっています。例えば，「法令，判例，文献を主たる資料とするリサーチ」と定義する論者（いしかわまりこほか著『リーガル・リサーチ 第5版』（日本評論社，2016年）3頁）や，「法律に関係する情報・資料を調査すること」（田髙寛貴ほか著『リーガル・リサーチ＆リポート 第2版』（有斐閣，2019年）170頁）と定義する論者も存在します。これらの定義はいずれもその論者が論じようとする「リーガルリサーチ」の意義としては決して誤ってはいません。

とはいえ，上記の論者が想定するような，「大学のレポートを書くためのリサーチ」や「研究論文を書くためのリサーチ」は，若手実務家のための書籍である本書においては，あまり重要ではありません。むしろ，実務

では，一つの論点を深く調査して，まるで学者が論文を書くかのように詳細に報告したところ，「結局この事案でどうすればよいのかが分からない」等として否定的に評価されるかもしれません。

そこで，本書はそのような広い意味ではなく，読者の皆様が実務で直面するような，具体的事案を踏まえ，具体的問題意識の存在を前提とした法律に関する情報・資料の調査について述べることとします。そして，3及び4で後述のとおり，このようなリーガルリサーチには，リスク管理上の意義があります。よって，本書において「リーガルリサーチ」というときはそのようなものを念頭に置くこととします。

## 2　リーガルリサーチが必要となる場面

上記1においては，リーガルリサーチは，具体的事案を踏まえた具体的問題意識の存在を前提に行うと述べました。とはいえ，具体的にどのような場面なのかについてイメージが湧かない人もいるかもしれません。そこで，以下，いくつか具体的な場面を例示しましょう。

> 場面1：交通事故案件を事務所で受任し，依頼者である被害者は損害の内容として様々なことを主張している。新人弁護士Aが示談交渉の担当として割り当てられた。

> 場面2：営業部門が顧客から既に締結済みの契約の期間を延長する覚書を締結せよと言われ，覚書作成を法務部門に依頼する。新人法務パーソンBが法務部門内で担当者に割り当てられた。

> 場面3：CS（＝Customer Service）部門が，販売した製品の問題で事故が起こった旨のクレームがあったとして法務部門に相談する。新人法務パーソンCが法務部門内で担当者に割り当てられた。

これらいずれの場面であっても，新人弁護士・法務パーソンA，B及びCは，目の前の案件について予防法務対応や紛争解決法務対応を行うことを求められています。

そして，そのような対応をする際に，悩ましい法的な問題が生じる可能性があります。場面1のAについていえば，そもそも法的に主張できない損害もあるでしょう。また主張はしても，示談の際には諦める「交渉の余地（ネゴ代，交渉代等）」とすべき損害もあるでしょう。そこでどの範囲の損害を主張すべきか等という問題意識を持つかもしれません。場面2のB

についても，例えば3か月で300万円の業務委託という原契約について単に「3」か月を「4」か月にするとか，業務遂行期間の終期を4か月が満了する日にするだけで足りるのだろうかという問題意識を持つかもしれません。場面3でCは，確かに顧客の誤使用が原因の事故だが，誤使用というだけで責任を免れることができるのだろうかという問題意識を持つかもしれません。

これらはあくまでもいくつかの例にすぎませんが，まさにこういった具体的な状況においてリーガルリサーチが必要となります。

場面1であれば，リサーチをすることで交通事故案件において相当因果関係のある損害として認められるものの類型に入っているかや，仮に類型としては損害として認められ得るとしても，その立証のためにどのような証拠が必要か等が分かります。また，場面2であれば，リサーチをすることで，単に契約期間を延長するだけだと，「契約期間が4か月になったなら業務委託の報酬も当然に400万円になるのではないか」等といった紛争が生じ得るのでその予防のため，何が変わり何が変わらないかを覚書において明示することが望ましいこと（→第2弾§135）等が分かります。場面3でも，リサーチをすることで，PL法の欠陥概念には「指示・警告上の欠陥」もあり，説明をしっかりしていないとユーザーの誤使用により生じた事故についても企業が責任を負う可能性があることが分かります。

このように，常に具体的事案があり，それを踏まえた具体的問題意識の存在を前提として，その具体的事案に即して実施する調査である，ということが本書の取り扱うリーガルリサーチの特徴です。

## 3　案件を進めない場合を含むが外国法は含まないこと

ここで，リーガルリサーチには，目の前の具体的事案に即して「案件を進める」ためのものが多いことは事実です。上記2の場面1では，リサーチの先に，示談交渉のため自社が負担すべき適正な損害の範囲について主張をするという目的があります。また，場面2では，覚書を作成することでプロジェクト期間を延長するという目的があります。場面3も，リサーチを踏まえ，顧客との交渉を進めることとなるでしょう。

もっとも，案件の中には，例外的ではありますが，進めるべきではない案件があることも事実です。例えば，違法性が強い案件です。そこで，本書のリーガルリサーチは，結果的に案件が進むのか，進まないのかを問わず，このような弁護士業務や企業の法務部門における活動で生じるものを包含しています。そのため，本書のリーガルリサーチは，例外的な場合における，「案件を前に進めない」場合のリサーチをも含むことに留意して

ください。

　なお，本書では日本法を前提としています。外国法に関しては本書の読者である若手弁護士や若手法務パーソン自身がリサーチをすることには限界があると思われます。そのような場合，若手弁護士・法務パーソンにとっては，例えば外国弁護士等の専門家の手を借りることが望ましいと思われますので，本書の対象としていません。

## 4　企業の法務部門との関係でのリーガルリサーチを含むこと

　なお，本書は，事務所所属の弁護士が行うリーガルリサーチのみならず，法務パーソンによるリーガルリサーチも論述の対象としています（この場合におけるリーガルリサーチを行う法務パーソンは，弁護士資格の有無を問いません。）。そして，上記2の場面2及び場面3はこのような法務パーソンによるリサーチを想定しています。

　法務パーソンは，会社全体の観点からのリスク管理（全社的リスク管理）をするための活動を行っています（→第3弾Q37）。そこで，法務は，ビジネスから依頼を受けて様々な案件につき，進めるべき案件か否かを判断した上で，進めるべき案件を安全に進めていきます（→第3弾Q37，Q38）。逆にいうと，進めるべきではない案件については，最後は断念してもらう等，案件を前に進めないこともあり得ます（→第3弾Q124）。もっとも，そのような「案件を止める」べき場合は例外であり，多くの場合には，ビジネスのキーパーソン（→第3弾Q58以下）とコミュニケーションを図りながら，「案件を前に進めるためにはビジネスモデルをこのように変更してほしい」等として，当初に想定された形では進められないものの，何らかの形で案件を進めることができることが多いと思われます。

　このようなプロセスにおいて，リーガルリサーチが必要となります。前述した具体的事案を踏まえた具体的問題意識の存在を前提としたものであることはもちろん，これに加え，会社全体の観点からのリスク管理を目的として行われるという点が重要です。例えば，場面2では契約期間の延長を，場面3では顧客クレームに対する対応を，全社的リスク管理のためにより良く行うことを目的としてリーガルリサーチを行っています。

## 5　弁護士が一般民事に関して行うリーガルリサーチにおいてもリスク管理は重要であること

　弁護士は，大きな話をすれば，依頼者の利益を実現するためにその業務を遂行します。そして「いかに依頼者の利益を実現するか」という観点からすると，どのような（法的）リスクがあり，それをどのように管理するかが重要になってきます。

　例えば，場面１の交通事故の案件において，まずは合理的な内容で迅速に示談を成立させることが目標とされ，また，仮にそれが難しければ訴訟を通じて合理的解決を図ることが目標とされるでしょう。その場合の重要なリスクとしては，過小要求をするリスクと過大要求をするリスクがあるでしょう。すなわち，交渉段階で要求が過小であると，結局成立し得る示談はかなり依頼者に不利なものとなり「合理的な内容」とならないでしょう。逆に，過大な要求をすると，迅速な示談という観点からはマイナスであり，相手との信頼関係を構築できず，合理的な提案をしておけば迅速に示談できた案件が，訴訟をしなければ解決できないものになってしまうということもあります。だからこそ，そのようなリスクを把握した上で，適切にリスクを管理するため，どの程度の要求を行うべきかを検討する必要があります。

　だからこそ，「いかに依頼者の利益を実現するか」という目的においては，リスク管理が重要です。その意味で，個人が依頼者であれば，「全社的」な複数部門間の調整という観点がないところに一定の相違はあるものの，「リスク管理」の観点の重要性は企業法務と共通するといえます。

　だからこそ，本書においては，リスク管理のために必要な調査をいかにして行うかという観点からリーガルリサーチについて述べるところ，それは，法務パーソンの行う調査だけではなく，弁護士の行う調査一般にも適用される議論とご理解ください。

## §2　根拠の重要性

キーワード 【リスク管理】【根拠】

**Q**

　私は司法試験に合格しています。自分の頭で考えて回答を出したのに，上司や先輩からは「それではダメだ，リーガルリサーチをして根拠を付して回答をしなさい」と言われます。私は上司や先輩に信頼されていないのでしょうか。

**A**

　実務では，担当者個人の私見ではなく，「根拠」が問われます。上司や先輩はあなたのことを信頼しているとは思いますが，そうであっても，なおリーガルリサーチをして根拠を探すことが必要なのです。

解　説

### 1　実務では根拠が問われること

　実務では，担当者（弁護士やインハウスを含む法務パーソン）個人の考えに基

づき仕事を進めるのではなく，根拠に基づき仕事を進めることになります。そのため，担当者が自分の頭で考えて，「私はこう考えるので，相手にこういう主張をしていきます」とか，「私はこう考えるので，契約はこのようにすべきです」等と述べても，上司や先輩からは「それではダメだ」と言われることになるでしょう。このような状況において，とりわけ司法試験に合格している場合には，「自分は法律に自信がある，なぜ自分の考えが否定されるのか」，「自分は信頼されていないのだろうか」等と不安感や不信感を持つかもしれません。

　しかし，上司や先輩がそのような態度を取るのは担当者が信頼されていないからではなく，単に「根拠」があって初めて実務を回すことができるところ，（純粋に頭で考えただけの）担当者の考えが，そこでいう「根拠」にならないというだけです。

　法律事務所の仕事でいえば，予防法務であれ紛争解決法務であれ，最終的には裁判所によって判断されることとなる可能性があります。その際，裁判所に「弁護士が考えたことなら正しいだろう」と判断してもらえるわけではありません。しかし，きちんとした「根拠」に基づいた考えを示すことができれば（100％裁判所に同意してもらえるとはいえないものの），裁判所を説得することができる見込みが高まります。

　また，法務における仕事であっても，全社的リスク管理という重要な任務を果たす上で，担当者がこう考えたというだけでは足りません。やはり，そのリスク管理のための対策が法的に有効であることを裏付けるための根拠が必要です。そして，そこで管理するリスクが法的リスクである限り，法律事務所の仕事と同様に最終的には裁判所に判断される可能性があります。

## 2　だからこそリーガルリサーチが重要であること

　このように，実務では根拠が問われるところ，その「根拠」を探す営為こそがリーガルリサーチです。

　§1では，リーガルリサーチは，具体的事案を踏まえた具体的問題意識の存在を前提に，リスク管理を目的として行う，法律に関する情報・資料の調査であるとしたところ，「法律に関する情報・資料」はまさに上記1の「根拠」に当たります。

　だからこそ，リーガルリサーチを行って根拠を探し，その根拠に基づいて業務を行う必要があるのです。

## §3　インターネットで検索するだけではダメな理由

**キーワード**【具体的事案】【根拠】【法的に意味のある相違】

**Q**

適当にインターネットで検索すればそれらしき情報が出てくるのにもかかわらず，なぜ上司や先輩は「それではダメだ，しっかりリーガルリサーチをしなさい」と口を酸っぱくして言うのですか。

**A**

正しい「根拠」，すなわちリーガルリサーチの結果が，目の前の案件の進め方に影響する可能性が大いにあるところ，インターネット上で無料で入手できる情報だけでは正しい「根拠」にならないからです。

**解説**

### 1　リーガルリサーチの結果が重要な影響を与えること

リーガルリサーチは，具体的事案を踏まえた具体的問題意識の存在を前提として行われ（→§1），その過程で発見された「根拠」に基づき実務が行われます（→§2）。つまり，リーガルリサーチの結果が，目の前の案件の進め方に影響する可能性が大いにあります。

§1の場面1では，例えば，当初は評価損（修理により元に戻ったものの，事故歴があるということで売却する際に高い価格で売却できなくなったとしてその差額を損害として主張するもの）を主張しようとしていたところ，リサーチをしてみた結果，場面1における具体的な状況を鑑みるに，評価損が裁判で認められることは難しいため，いわゆる「交渉の余地（ネゴ代，交渉代等）」にとどめるべきだということが分かるかもしれません。場面2でも，当初は契約期間を「3か月」から「4か月」にするだけのつもりが，リサーチの結果，それだけではなく，代金その他についても変更するかしないかを明確にする延長覚書を締結すべきだとなるかもしれません。場面3でも，当初は「誤使用なので責任はない」として顧客の要求を拒否する方向で進めようとしていたところ，リサーチの結果，「指示・警告上の欠陥がある可能性がある」として謝罪して補償する方向へと対応が変わるかもしれません。

これらは例示ではありますが，重要なのは，具体的事案を踏まえた具体的問題意識の存在が前提となっている以上，リーガルリサーチの結果を踏まえ根拠を確認することによって，当該具体的事案の進め方が変わることを意識することです。

## 2　インターネット上で無料で入手できる情報だけでは到底「根拠」とならないこと

だからこそ，案件を正しい方向に進める（なお，案件を進めない場合を含むことにつき，§1参照）ため，正しい方法でリサーチをすることが弁護士や法務にとって不可欠です。

そして，確かにインターネット上で無料で入手できる情報を利用することで「あたり」をつけることができる（→§22以下）という意味で，Google等の検索エンジンでインターネット上を検索することもリーガルリサーチの一つの手法ではあります。

しかし，目の前の「問い」に対しインターネット上で検索をして出てきた結果そのものが，上記の意味における根拠となるのかというと，多くの場合は否定的に解さざるを得ません（例外につき§73を参照）。

そもそも，編集の目が入っていないブログやホームページ等の法律情報は，一般論としては，編集機能を果たす第三者がいる場合よりも質が低くなります。

そして，そもそもインターネット上には，様々な理由で，誤っていたり，質が低い法律情報が多数掲載されたりしています。インターネット上の法律情報が誤っている典型的な理由の一つは，情報が「古い」というものです。例えば，Googleは様々なアルゴリズムを利用していますが，伝統的には多くのリンクがされている情報を信頼されている情報として高くランク付けする傾向にあります。そして，そのような情報は少なくとも法律情報に関する限り「古びていてもう既にアウトオブデート」というものが少なくないのです（もちろん，アップデートされ続けているものもありますので，最終更新日を確認したり，ファイルのプロパティ情報等から推測したりすることが望ましいです。）。

さらに，その情報の読者が「法律の前提知識がない人」であること，すなわち一般向けの記事が多いということも指摘できます。そこで，分かりやすさに振ってしまっていて，正確性が必要な「プロ」の役に立たない傾向があるといえます。例えば，条文とその文言に基づく議論をしていないものがよく見られます。条文とその文言に基づかない一般論や，そこで問題としている問いに対する（結論だけの）回答は，少なくとも法律実務におけるリサーチでは何の根拠にもなりません。とりわけ，多くの法的問題は，「原則としてAだが，例外的にXという場合にはBだ」といった構造を持ちます。だからこそ，法律実務においては，条文に照らし，どのような要件・効果や原則・例外という構造があるかを踏まえ，それぞれの事案に適

切に当てはめる必要があります。条文とその文言に基づく議論をしていない記事は、そのような検討に資するものではないので、使えないということになります（例えば、Xではない場合を前提に、「Aだ」という結論だけ記載するような情報は、Xではない場合が原則的である限り、間違った情報とまではいえなくても、目の前の事案がXである場合なら、結論はBになるわけですから、「使えない」ということになるでしょう。）。

加えて、この点とも関係しますが、法律情報における回答の対象となる質問が常に目の前の「問い」とは異なるということもあります。つまり、全ての事案はそれぞれ微妙に異なっているところ、その相違が、「法的に意味のある相違」であるのかどうかは、リーガルリサーチをしてみないと判明しません。すなわち、「同じような事案で、適法と回答する情報があった」という場合において、もしその事案が「法的に意味のある相違がない」事案であれば、「適法」という回答が正しいですが、「法的に意味のある相違がある」事案であれば、適法とは言い切れないのです。

だからこそ、単にインターネット上を検索するだけでお茶を濁すのではなく、条文・書籍・（裁）判例・論文・パブリックコメントその他の正しい根拠（→第4章以下）に基づいてリーガルリサーチをすることが重要です。

## § 4　リーガルリサーチの方法

**キーワード**【問い】【リサーチの本体】【答え】

**Q**

上司や先輩から「リーガルリサーチが重要だからしっかりやりなさい」と言われますが、具体的なやり方は教えてくれません。リーガルリサーチはどのように行えばよいでしょうか。

**A**

リーガルリサーチの一連のプロセスは、①適切な問いを立てる、②調査の前提となる法律知識及びどこをどう探すとどのような情報が出てくるかに関する知識を踏まえて調査（リーガルリサーチの「本体」）を実施する、③「答え」を踏まえて案件を進めるという3つに分かれます。

**解説**

### 1　はじめに

具体的な事案を踏まえた具体的問題意識の存在を前提としたリーガルリサーチは、まず、当該具体的問題意識に応じた適切な問いを立てることから始まります（後述2）。その上で、情報・資料の調査（リーガルリサーチの「本体」）を行います（後述3）。その際は、調査の前提となる法律知識及び

どこをどう探すとどの情報が出てくるかに関する知識が必要です。最後に，調査の結果出てきた「答え」を踏まえて案件を進める（進めるべきではない案件は止める）ことになります（後述4）。

## 2　適切な問いを立てる

　リーガルリサーチが，具体的事案を踏まえた具体的問題意識の存在を前提に実施され（→§1），何を根拠とするかによって案件の進め方が変わる（→§3）ということは，適切な問いを立てることができなければ，その後いくら正しい方法でリーガルリサーチを行っても，それは徒労に終わる，ということです。

　例えば，§1の場面2において，「延長覚書」作成の際の留意点（→第2弾§135参照）が問題となっているのにもかかわらず，その点に気づかずに，「覚書のあるべき形式は何か」，「覚書と原契約の効力の優先関係をどのように規定するか」といった問いを立ててその回答を調べても，少なくとも，場面2の案件を進める上では意味がありません。だからこそ，適切な問いを立てることが必要となるのです。

　このような，目の前の事案と関係のないリサーチは，実務では時間の無駄といわざるを得ません。もちろん，「急がば回れ」で一見関係がないところも含めて広い範囲を調べることで，後に同種の案件が来た際に対応がしやすくなるとか，当該案件について想像していなかった重要な情報を得られるといった場合もあるかもしれません。ただ，そのうちの，後に同種の案件が来た際に対応がしやすいという部分は，目の前の案件のために必要ではない以上，ある意味では「自分の勉強（自己研鑽）」と理解すべきです。勉強をすることは重要ですが，少なくとも本書で扱う「リーガルリサーチ」の範疇には入りません。また，後者の，当該案件について想像していなかった重要な情報を得られるというのは，当初の問いの立て方が間違っていた，又はリサーチ以前の前提知識（後述3参照）が不足していたことを示します。実務においてこのような事態は生じ得るものの，試行錯誤を重ね，できるだけ正しい問いを立てられる場合が増えるように努力すべきです。

　適切な問いの立て方については，§5及び第2章で後述しますが，ここで重要なのは，依頼者やビジネスが不適切な問いを立て，弁護士や法務に質問をする可能性があるということです。例えば，場面2において，依頼者やビジネスに「覚書を作りたいが，覚書のあるべき形式は何ですか？」と聞かれた場合，問われたとおり，「覚書のあるべき形式は何か」を考えるのは，若手弁護士や若手法務パーソンとしては自然な反応です。しかし，

本当に弁護士や法務パーソンとして価値を発揮するのであれば，案件の具体的な内容を細かく聞き取った上で，自ら適切な問いを立てるべきです。場面2の事案において延長覚書のリスクへの対応をすべき案件であることが確認できれば，「延長覚書のリスクにはどう対応すればよいか」という適切な問いが立てられるでしょう。弁護士にとっての依頼者（主に法務担当者）や，法務部門に依頼をする営業部門等のビジネス部門（「ビジネス」）が不適切な問いを立てる原因としては，言語化能力の限界や，場合によっては一部のビジネスが「法務承認済」として案件を進めることしか考えていないために，悪意や過失によって適時に適切な情報が伝わっていないこともあるでしょう。このように，依頼者やビジネスが不適切な問いを立てたとしても，弁護士や法務は，案件の詳細を基にその問いをあるべき問いへと再構築し，その問いに対するリサーチをすることで初めてその役割を十分に果たすことができます。この点は，§5を参照してください。

## 3　リーガルリサーチの「本体」を実施する

適切な「問い」が立てられれば，正しい「答え」を発見するため，法律に関する情報や資料を調査することになります。これを本書ではリーガルリサーチの「本体」と呼びます。リーガルリサーチの本体の具体的方法については§6及び第3章～第9章を参照してください。

ここで補足しておきたいのは，リーガルリサーチを行う上では一定の法律知識があることが前提となることです。例えば，§1の場面3において，そもそもPL法を知らないと，「本件でPL法2条2項の『欠陥』はあるか」という適切な問いに達することができず，「指示・警告上の欠陥」という論点にたどり着けないかもしれません。また，場面1において調査をする際，相当因果関係に関する知識がないと，特定の損害が特別損害（「特別の事情によって生じた損害」（民法416条2項））だという書籍等の記載がどのような意味を持つかを理解できないかもしれません。さらに，リーガルリサーチで関連する（裁）判例を発見したとしても，（裁）判例の射程を検討し，その（裁）判例と目の前の事案は区別されるべきかを検討するといった法律の素養が必要とされる過程を経なければ，適切な回答にたどり着くことができません。

このようなリーガルリサーチの前提となる法律知識は，弁護士であれば司法試験合格までに身についていることが多いでしょうし（ただし，実務で必要な業法等の個別法の知識は別途勉強する必要があります。），有資格者ではない法務パーソンについては，OJTや，ビジネス実務法務検定試験に向けた勉強等で習得することが期待されます。

　また，どこをどう探すとどの情報が出てくるかに関する知識も重要です。例えば，§1の場面1のリサーチにおいて「赤い本」（『民事交通事故訴訟 損害賠償額算定基準』）に交通事故損害に関する重要事項がまとまっていると知っているかどうかでリサーチをスムーズに進めることができるかが変わるでしょう。学生を想定してこの点の知識を示す文献は，§1で引用したもの等，いくつか存在しますが，実務家を想定した体系だった文献が少ないことから，本書§6及び第3章以下においてどこをどう探すとどの情報が出てくるかを詳論します。

### 4　「答え」を踏まえて案件を進める

　適切な問いに対し，リーガルリサーチの「本体」を実施することで「答え」が分かります。具体的事案を踏まえた具体的問題意識が存在するからこそリーガルリサーチが実施されます。そこで，当該「答え」を踏まえて案件を進めることになります（§1のとおり，例外的な場合には案件を進めないこともあります。）。この点は，§7を参照してください。

## §5　問いの立て方

**キーワード**　【問い】【リスク感覚】

**Q**

　まずは適切な「問い」を立てる必要があるとのことですが，どのような「問い」を立てればよいか皆目見当がつきません。どうすればよいでしょうか。

**A**

　前提事実及び法律知識をベースに，当該具体的事案において適切な問題意識を持てば，適切な「問い」を立てることができます。ただし，常に自分自身が適切な法律知識を持っているとは限らないことから，リスク感覚によって補いましょう。

**解　説**

### 1　具体的事案を踏まえた具体的問題意識に基づく問いが適切な問いであること

　本書が前提とするリーガルリサーチは，具体的事案を踏まえた具体的問題意識に基づき行われます。よって，適切な問いを立てるためには，具体的事案を踏まえた具体的問題意識を持つことが必要です。

　また，企業法務はもちろん，一般民事でもリスク管理（→§1）をしながら案件を前に進める（前に進めるべきではない例外的案件では前に進めない。→§1）ことが最終的な目的ですから，そのような目的に資する問いが適切

な問いです。

## 2 適切な「問い」は前提事実及び法的知識の相互作用によって立てられること

第2章で詳述するとおり，適切な問いは，認識した前提となる事実及び基本的な法律知識から導かれます。

そのため，どのような案件でも，まずは前提事実を確認する必要があります。例えば，「業務の一部をアウトソーシングするに際してどのような契約を締結すればよいか」という相談が来た場合を考えてみましょう。アウトソースされる業務の具体的な内容を確認したところ，その業務には個人データの取扱いが含まれていることが判明するかもしれません。

そして，次の段階では，認識した前提事実に対し，基本的な法的知識を適用することになります。例えば，個人データの第三者提供の制限（個人情報保護法27条）に関する知識があれば，「第三者に個人データを提供するならば個人情報保護法上制限があるのではないか」という問題意識を持つことができ，それに基づき，「本件では，どのような方法であれば，適法にアウトソーシング先に個人データを提供できるのか」という適切な問いを立てることができるでしょう。

なお，本件においては，委託に伴う個人データの提供（個人情報保護法27条5項1号）と整理して本人同意を不要とした上で，覚書等を締結して個人データの取扱いに関する監督を行う（同法25条）というのが実務上の通常の取扱いでしょう。この点については第2弾§121を参照してください。

## 3 リスク感覚の重要性

もっとも，ある程度勉強して法律関係に関する知識を持っているとしても，全ての法令についてこの程度の「問い」を直ちに立てられるか，というと疑問があります。たとえ弁護士であっても，弁護士資格を得るまでの間に学ぶことには限りがありますので，知らない法令が多数あることはむしろ当然です。例えば，新規事業についてそのビジネスモデルが適法かと聞かれた場合，その新規事業について適用される法律が何か分かれば「XX法に違反するため違法ではないか」という問いを立ててリサーチを行うことができるでしょう。しかし，実際には，そもそもその新規事業について適用される法律が見当もつかない，ということは十分にあり得ます。

そこで，そのような場合には，最初に，リスク感覚を持って，抽象的であっても「何らかの法令に違反して違法ではないか」というような「問い」を立てることから始めましょう。その上で，あたりをつけ（→§6），リーガルリサーチの過程で「XX法というものがあって，YYに対して許

認可を要求している」ということを知り，その結果，「XX法に違反する可能性がある」という一応の回答を得ることができます。そして，当該一応の回答を前提に更に事実関係を深掘りして，「本件はYYの事案であるところ，YYはXX法ZZ条の『VV』に当てはまり，『VVする者は許認可の取得が必要』という要件が満たされ，許認可取得なくYYを実施できないのではないか，本件のYYに該当しそうな事実は具体的にはWWであるところ，『VV』にWWが含まれるのか」といった形でより具体的な「（更なる）問い」（→§7参照）に落とし込むことができます。

　もちろん，スムーズなリーガルリサーチをするにあたって，基本的な法律知識は多いに越したことはありません。しかし，現実には，それぞれの弁護士や法務パーソンには限界があります。だからこそ，「あれ，おかしいのではないか？」というリスク感覚を持って，「ここで何らかの問いを立てるべきだ！」と気付くことが非常に重要なのです。

## §6　リーガルリサーチの「本体」のやり方

**キーワード**【リサーチの本体】

**Q**
　何とか問いを立てることができましたが，そこから次に何をすれば「問い」に対する「答え」を出すことができるかが分かりません。リーガルリサーチの「本体」はどのように進めればよいでしょうか。

**A**
　リーガルリサーチの「本体」は，あたりをつけて条文を起点に展開していきます。

**解　説**

### 1　あたりをつけて条文を起点に展開

　法律に関するリサーチである以上，全ての起点は条文となります。例えば，§1の場面3であれば，PL法2条2項の「この法律において『欠陥』とは，当該製造物の特性，その通常予見される使用形態，その製造業者等が当該製造物を引き渡した時期その他の当該製造物に係る事情を考慮して，当該製造物が通常有すべき安全性を欠いていることをいう。」が起点となるでしょう。この条文を起点に，具体的事案において製品に「欠陥」があるかを判断するため，「欠陥」すなわち「通常有すべき安全性を欠いている」場合というのはどのような場合であるかについて，例えば，逐条解説を読む等して，更なるリサーチを行うことになります（この更なるリサーチを，以下では，条文を起点とした「展開」と呼ぶことがあります。）。

　ここでいう条文というのは，法律の条文が典型的です。その他に，政省令，告示，条例・規則や，通達等が含まれることもあり，また，社内規程が含まれることもあります（→§31）。

　もし，最初から特定の条文の問題となることが分かっていれば，当該条文を起点に展開（→第4章）していくことで比較的スムーズに答えにたどり着くことが期待できます。しかし，そもそも，どの条文の問題なのかが分からないことも多いわけです（→§21）。だからこそ，一体どの法律のどの条文が問題となりそうかという，あたりをつけることが重要です。あたりの付け方については，第3章で詳述します。

## 2　具体的な展開方法

　条文を把握した後に行う具体的な展開というのは，要するに，自分が知りたい「問い」に対応した「答え」が書かれているものを探す，ということです。

　そこで，基本的には，それぞれの「問い」との関係で答えが書かれている可能性が高い場所を探していく，ということになります。

　具体的な状況次第ですが，書籍（→第5章）に書かれている場合，（裁）判例（→第6章）に書かれている場合，論文（→第7章）に書かれている場合，パブコメその他に書かれている場合（→第8章），他人（同僚，顧問弁護士，行政等）に聞くべき場合（→第9章）等があります。本書第5章以下では，それぞれの類型ごとに展開の具体的方法を詳述しています。

## §7　答えが出た後の対応

**キーワード**　【答え】【更問い】【蓄積】【再利用】

**Q**

　問いを立て，リーガルリサーチの「本体」を進めた結果，「答え」が出ました。これを依頼者やビジネスに伝えて終わりでしょうか。この後どうすればよいのでしょうか。

**A**

　「答え」が出た後は，導かれた「答え」を案件処理に活かすことが通常です。他方，「答え」を起点として更なる問いにたどり着き，リーガルリサーチ本体がまた続くこともあります。また，答えやリサーチのノウハウを蓄積して次のリサーチにつなげたり，その結果を公表したりすることもあり得ます（→第10章参照）。

**解　説**

## 1　案件処理に活かす

　本書におけるリーガルリサーチは具体的事案を踏まえた具体的問題意識の存在を前提としたものである以上，リーガルリサーチによって導かれた「答え」を案件処理に活かすのが原則です。例えば，許認可の要否（→§5参照）が判明すれば，許認可が不要というリサーチ結果を踏まえて，許認可取得不要とされる要件を遵守することで，許認可を取得せず進めたり，許認可が必要というリサーチ結果を踏まえて許認可を取得したりする等，その回答を当該具体的事案における「次の一手」につなげ，案件処理に活かすことになります。

## 2　更問い

　ただし，実際に案件処理に活かす上では，更なる確認が発生することも少なくありません。例えば，許認可の要否（→§5参照）に関するリサーチを行い，現在ビジネスが想定しているビジネスモデルをそのまま実現するためには，許認可が必要だという結論が出たとしましょう。その場合には，具体的案件の進め方として，①許認可を取得する方法のほかに，②ビジネスモデルを変更して許認可を不要とする方法もあります。一般には，実務上容易に許認可を取得することができ，許認可を取得することに伴う負の影響（行為規制や監督官庁対応による重い負担を課せられる等）が少ないのであれば，①許認可を取得する方向で検討することになるでしょうし，そうでなければ，②ビジネスモデルの変更を検討することになるでしょう。

　そこで，このような検討を進めるため，例えば，「許認可を取得することは実務上容易か」とか「許認可を取得することで会社に負の影響は生じないか」等の新たな問いについてリサーチが必要となることは実務上よくあります。また，新たなリサーチの結果として，ビジネスモデルの変更を検討すべきとなれば，「どのようにビジネスモデルを変更すれば許認可が不要となるか」といった新たな問いが生じ，更なるリサーチが必要となるでしょう。

　このように，いわば芋づる式に，問いに対する答えが出てきたことにより，新たな問いが出てきて，それに対する答えを導き出すと，また新たな問いが出てくる，このような「更問いの連鎖」が生じることも実務では珍しくありません。

## 3　蓄積し次のリサーチにつなげる，公表する等

　そして，具体的事案を踏まえた具体的問題意識に基づき，上記の1及び2の過程を経て，相応の「答え」が出れば，目の前の案件を進めるという

意味では，一連の対応が終わることになります。

　ただし，それを超えたいわば「応用編」として，リサーチ結果やリサーチの過程で習得したリサーチノウハウをすぐに取り出せる方法で蓄積し，次のリサーチをよりスムーズにするという方法があります（→§94）。また，リサーチ結果が有益な場合には，ホームページやブログで公表すること等も考えられます（→§96参照）。

## §8　答えが出ても役に立たない場合

### キーワード 【問い】【リサーチの本体】【答えがない問い】

**Q**

　せっかくリーガルリサーチをしたにもかかわらず，具体的事案を踏まえた具体的問題意識を解決することができず，案件を前に進めることができません。どうすればよいのでしょうか。

**A** ●●●●●●●●●●●●●●●●●●●●●●●●●●●●●●●●●●●●●●●●●●●●●

　このような状況が発生する原因としては，①問いが適切なものではないこと，②リーガルリサーチの「本体」の遂行方法が誤っていること，③その問題が「答え」がない問題だったことの3つがあり得ます。それぞれの原因ごとに，①適切な問いを立て直す，②正しい方法でリーガルリサーチ本体をやり直す，③答えがない問題への対応を検討するということになるでしょう。

### 解　説

#### 1　問いが適切なものではない

　上記のとおり「適切な問い」を立てることが重要です（→§5）。立てた問いが適切なものでなければ，リーガルリサーチをしたところで適切に案件を進めることはできません。例えば，§5の個人データの取扱いの案件で，「個人関連情報の第三者提供をどのように行えば適法に進めることができるか？」（個人情報保護法31条）という不適切な問いを立てた場合，いくらその方向で正しいリーガルリサーチ本体を行っても，正しい答えにはたどり着くことができません。

　そこで，リーガルリサーチを行っても具体的事案の具体的問題意識を解決できない場合には，まず問いが適切なものではなかったのではないかと考え，適切な問いへと，問いを立て直すことになるでしょう。

#### 2　リーガルリサーチの「本体」が誤っている

　加えて，正しい方法でリーガルリサーチを行うことも重要です（→§6）。例えば，最新の法改正に対する対応については，（収録・改定までに時間を要

するため）書籍にはまだ記載がないものの，最新のパブリックコメントに書かれている場合もあるでしょう。このような場合には，書籍だけを探しても「答えが見つからない」ことになります。

　そこで，問いの立て方は適切であるものの，「答え」が出ないような場合には，リーガルリサーチの「本体」の遂行方法が誤っているのではないかという問題意識を持ち，正しい方法でリーガルリサーチの「本体」を行うことになるでしょう。

## 3　「答え」がない

　最後に，実はリーガルリサーチをしている「問い」というのが，いくら探しても「答え」がないものであったという場合もあるでしょう。この点については第3弾Q6で既に述べたとおり，「白か黒か」という意味でクリアに答えが出ないとしても，「グレーの濃さ」は示すことができる場合があります。そこで，本当に答えがないのか，グレーの濃さは示せるのか等を検討しましょう。

　ただ，本当に答えがない問いであることもあります。その場合には，弁護士であれば，依頼者に，答えがない旨を説明し，そのような状況を前提にどう進めるべきかを判断してもらうことになるでしょう。また，法務であれば，ビジネスに，法的リスクがあることは確かであるものの，そのリスクを判断するにあたりリサーチを行ったところ「答え」がないためリスクの度合いに不明確性・不透明性があるということを説明し，これを踏まえた全社的リスク管理のための意思決定を支援することになるでしょう。

## §9　リサーチの終着点

**キーワード**　【合理的注意】

**Q**

　リーガルリサーチを実施してみましたが，時間をいくらかけても終わりが見えません。どこまでやれば終わるのですか。

**A**　••••••••••••••••••••••••••••••••••••••••••••••••••••••••••••••••

　学問のためのリーガルリサーチには終わりがないことがあり得ます。しかし，実務では，①問題の重要性，②調査を打ち切る段階における「答え」の確度の高さ，③調査のため与えられた時間の3点を踏まえ，「実務上合理的な注意を尽くした」場合にはそこでリーガルリサーチを終了することができます。

**解　説**

## 1　「調べ切る」ことの困難性

　リーガルリサーチを実施し，芋づる式に，Aに引用されている文献は
B・C・Dで，Bに引用されている文献はE・F・Gで……という形で文
献を調べていくと（→第7章参照），いつまで経っても文献の数が増えるだ
けで，いつまでもリサーチが終わらないということはよく見られます。本
当の意味でその問いに関する資料全てを「調べ切る」というのは無理かも
しれません（例えば，その分野の有名な学者が外国の学会で発表した内容が外国語の
学会予稿集に収録されている等の状況を想定すれば，「調べ切る」ことの難しさは容易
に理解することができるでしょう。）。そして，だからこそ，リーガルリサーチ
に対し，「終わりがない」という印象を持ち，リーガルリサーチが嫌いに
なってしまう人も少なくありません。

## 2　実務では合理的注意を尽くせばよいこと

　確かに，学術的なリサーチには，上記1における意味で，終わりがない
場合もあるかもしれません。

　しかし，本書は実務のリーガルリサーチを問題としています（→§1）。
そして，実務でリサーチを行う場合には合理的注意（due diligence）を尽く
せばよいのです。すなわち，「調べ切る」ことまでは通常求められません。

## 3　何が合理的注意か

　すると，何が合理的注意かが問題となります。この点について，残念な
がら一義的回答はなく，あくまでもその事案によります。とはいえ，①問
題の重要性，②調査を打ち切る段階における「答え」の確度の高さ，③調
査のため与えられた時間の3点は重要です。

　まず，①問題の重要性について説明すると，些細な事項であればリーガ
ルリサーチの程度は低いものでも許されるでしょう。例えば，文書を「コ
ンママル」で作るべきか，「テンマル」で作るべきか，現在の公用文の
ルールはどうか（なお，「公用文作成の考え方」（令和4年1月7日文化審議会建
議）によれば「句点には。」（マル），読点には「、」（テン）を用いることを原則とす
るが，横書きでは，読点に「，」（コンマ）を用いてもよい。ただし，一つの文書内でど
ちらかに統一する。」とされています。）という問題は，正直なところ多くの場
合には些細な話であり，そのために時間を割いてリーガルリサーチをする
必要性は低いでしょう。これに対し，重要な問題であれば，時間を割いて
しっかり調査すべきです。

　次に，②調査を打ち切る段階における「答え」の確度の高さについて説
明すると，確度の高い「答え」が見つかっていれば，実務上はそこで打ち

切ることが正当化される可能性が高いといえます。例えば，定評のあるコンメンタール（残念ながら，「コンメンタール」を自称する書籍の中には信頼がおけないものもあります。以下「コンメンタール」という場合には，定評のある，信頼のおけるものを指します。）で，判例・通説・実務が一致してある特定の内容であるという旨が明記されていれば，それは確度が高い「答え」であるといえるでしょう。そのような確度の高い「答え」がある場合には，それ以上の詳細な調査をしないことにも合理性がある場合が多いでしょう。とはいえ，当該「答え」に対して，反対の立場から何とか説得力のある立論をするにはどうすればよいかというのが「問い」であれば，更に少数説を拾ったり，立法者が前提とした通念や，判例の事案がどのようなものか等を踏まえたりして，その「問い」に対する「答え」を探す必要があるかもしれません。なお，「答え」が書かれていたメディアによっても対応が異なりますので，その点については§40を参照してください。

　なお，③実務上考えざるを得ないものの，それだけを理由にリサーチの深度を決定することにリスクがあるのが「調査のため与えられた時間」です。例えば，朝「本日締結予定の契約です。レビューしてください」と言われて，契約書の確認を始めたところ，取引スキームに業法違反がある可能性があるといった場合において，本日の締結を実現する上で「1時間」しか調査のための時間が与えられていないということはあるでしょう。その場合に，もしその1時間のリサーチの結果として，問題の重要性及び確度の高さに鑑みて合理的なレベルにまで達していれば，1時間でリーガルリサーチを終え，ビジネスに回答を伝えても問題はないでしょう。しかし，1時間では問題の重要性及び確度の高さに鑑みて合理的なレベルまで達していないという場合において，「調査のため与えられた時間」だけに依拠してリーガルリサーチを終わらせてしまうのは，弁護士や法務としてなすべき仕事をなしたと言えない可能性があります。むしろ「現時点ではリスクがあるので契約締結はNOと言わざるを得ない。契約締結にYESと言う可能性を高めるため，時間がほしい」などと打診すべきでしょう。

## §10　リーガルリサーチがつまらない

**キーワード**　【クリエイティブ】【試行錯誤】

**Q**

　リーガルリサーチをいろいろ試してみたものの，はっきりいって時間がかかるだけで「つまらない」ので，時間の無駄に思えてならないのですが，何とかならないものでしょうか。

·············································································

　本書を読んで正しい方法による迅速なリサーチを実現するとともに，知的好奇心を持ってリーガルリサーチを楽しんでください。

**解　説**

## 1　はじめに

　何事にも向き不向きがあるように，リーガルリサーチについても「自分には向いていない」と思う人がいると思います。特に，以下のような考えを持つ人もいるかもしれないので，これらの類型ごとに，どうすればよいかを説明します。

　　①いくら時間をかけて頑張っても際限がなく，時間と労力が馬鹿にならない

　　②インターネットで適当に検索して出てくる「答え」を使えば，大体合っているのではないか

　　③どこかにある「答え」を探すだけで，クリエイティビティがない苦痛な単純作業である

## 2　ノウハウを身につけ，スピードアップすることができること

　確かに，一定の時間と労力がかかることは否定できません。ただ，実務のリーガルリサーチは調べ切る必要はない（→§9）ことから，合理的な時間と労力をかけることで足ります。

　そして，§9で述べたとおり，確度が高い「答え」に到達すれば，実務上はそこでリサーチを打ち切ってもよいということは，リーガルリサーチのノウハウを身につけ，速やかに確度が高い「答え」に到達する方法を知ることで，リーガルリサーチを大幅にスピードアップすることができるということです。リーガルリサーチが速くなれば「嫌い」なリサーチのために時間と労力を費やさなくてもよくなります。そのためにも，本書を読んでリーガルリサーチのノウハウを身につけてください。

## 3　適当な「答え」ではダメであること

　この点は§3とも関係しますが，インターネットで検索をして出てくる情報は，多くの場合には「使えない」といわざるを得ません。実務上の問題の解決のためには，具体的な事実関係を，多くの場合は法律の条文の文言に当てはめることになります（法的三段論法）。しかし，インターネット上の法情報にはなぜその結論になるかについて，条文との関係を明示していないものも多く（例外はあります。），これでは，仮に結論として正しいとしても，「根拠」（→§3）になりません。また，法的三段論法の当然の帰結は，「事実関係が変われば，結論が変わる」というものです。そのため，

サイトによって結論が違っていることも多く見られます。

　もし，「オピニオンショッピング」的に，インターネット検索で出てきたもののうち，自分に都合の良いものを探せば，自分に都合の良い回答が得られるかもしれません。しかし，それは具体的事案を踏まえた具体的問題意識に対応した回答ではない場合も多いでしょう。そのような適当な調査では，合理的注意（→§9）を尽くさずに間違った法律情報に基づき案件を進めたとして大きな問題となることもあり得ます。だからこそ，「十分」なリーガルリサーチ能力が必要なのです。

## 4　リーガルリサーチはクリエイティブで楽しいものであること

　最後に，リーガルリサーチはクリエイティブで楽しいものです。例えば，判例検索において，最初に思いついたキーワードで検索しても30件しか裁判例が出てこない上，関係していたのはそのうち3件だけだった場合を想定しましょう。その3件の（裁）判例を読む中で，その問題の回答に関係する部分に頻出の表現があることに気付き，それを踏まえてキーワードを変更して再度検索すると，50件の（裁）判例が出てきて，関係する15件の（裁）判例が見つかることがあります。こういった状況は，まさにどのようなキーワードを用いて検索するかという点に関するクリエイティブな対応の結果，成功を収めることができたと評することができます。このように，リーガルリサーチは，創意工夫をもって取り組むことで，とても楽しいものになるのではないでしょうか。

　是非，本書を参考に，リーガルリサーチを知的好奇心を持って楽しんでください。

# Column 1　気軽にリーガルリサーチをやってみよう！

## 1　リーガルリサーチは難しい？

　リーガルリサーチという言葉を聞くと，何かとても大変なことをすることだと思う方もいるかもしれません。また，リーガルリサーチが含まれる業務を行う場合には，いつもの「通常業務」とは全く違うことをするのだといわば「構え」てしまう方もいるかもしれません。特に，リーガルリサーチに対して苦手意識を持つ方からすれば，「上司からリーガルリサーチを命じられた。とても嫌だが，業務命令なのでやるしかない」といったように，できることならば回避したいものの，命令された場合には泣く泣くやらざるを得ない業務だと思っているのかもしれません。また，毎日の業務が忙しい場合においては，「とにかく現在自分の頭の中にある知識で対応するしかない。それ以外の事項を調べる暇なんて1秒もない」と考えているのかもしれません。

　ただ，それらの考え方が必ずしも適切ではないということは既に本章で述べてきたとおりです。すなわち，目の前の案件に対して適切な対応をとるためには，頭の中にある知識だけで対応すべきではありません。通常は，どのような業務でも何らかのリーガルリサーチが必要となるものです。ただ，「リーガルリサーチは一日がかり，場合によっては数日や週単位の非常に大変な取り組みだ」と思っているのであればそれは誤解です。もちろん大規模なリサーチを実施すべき場合が全くないわけではありませんが，数時間以内や1時間程度で終わるリーガルリサーチも多く，場合によっては数分で終わることさえあります。

　そこで，「リーガルリサーチは通常業務の一環として行われる。ただし，そのリーガルリサーチをどの程度の深度まで行うべきかは各案件によって変わってくる」と考えましょう。

　また，ここで，リーガルリサーチが大変だという印象を持っている方に，本章でも既に述べていることを再度お伝えします。それは，各案件の状況において合理的注意を尽くしたと言えさえすれば，その段階でリーガルリサーチを終わりにすることができるということです。一番迅速にリサーチが終わるような極端な例を出しますと，「これは会社法○条の問題だろうと考え，（定評ある書籍である）会社法コンメンタールの同条の記載を見たら，判例も通説も実務も同じ解釈をしているという記載があり，『答え』が記載されていたと判断できた」場合です。このような場合であれば，問い（→第2章参照）が適切である限り，即座にリーガ

ルリサーチが終わることもあります。

## 2　書籍，雑誌，リサーチツールに親しむ

### (1)　書籍に親しむ

　リーガルリサーチを身近なものとするためには，まず，日頃から書籍に親しむことが大事です。多くの事務所や企業の法務部門には，共有の書棚，図書室等があるのではないでしょうか。また，私物として，よく参照する書籍，いわゆる「一軍」の書籍を机の上に置いている上司や先輩もいるのではないでしょうか。共有の書棚や上司や先輩の机の上の書籍を参考にしながら，自身の机の上のすぐ手に取れる場所に置く「一軍」の書籍を選ぶようにしましょう。

　自身の机の上に置く本や共有本棚等の本については，理想的には，購入したタイミングで，目次を読むとか最後までパラパラとページをめくることで，その本に何が書いてあるか（及びその本が机の上の限られたスペースに置くべき「一軍」の重要書籍か）を把握するのがよいでしょう。改訂等に合わせて一軍書籍の更新を続けながら，常に重要書籍が机の上にある状態を確保すれば，「これってどうだったっけ？」と思ったタイミングですぐさま関係するページを開いて，確認を行うことができます。上記のとおり，各案件の状況において合理的注意を尽くしたと言える限りにおいて，このような「パッとページを開いて終わり」の確認も「十分なリーガルリサーチ」たり得るのです。このように考えることで，リーガルリサーチが身近に感じられてはこないでしょうか。

　また，仮に繁忙等の諸事情により，買った本をすぐに読むことができない場合には，「積読」として，読むことができるタイミングまでどこかに置いておくことになるでしょう。このような積読も，後に「読みたい」となったタイミングでその本をすぐに読むことができるという効能があります。例えば，新刊書店で平積みされていた本を買って手元に置いていたところ，たまたま，あるSNS上のあるフォロワーさんが「その本がとても役に立つ」と投稿しているのを見かけて，自分も読みたくなったという場合，わざわざそこから本屋に出かけて本を持ち帰る，またはオンライン書店で購入手続をして届くのを待つといった手間や時間をかけずにすぐに読むことができます。また，リサーチのために必要となった場合に，その本がすぐ手元にあるというのは大きなメリットです。

　さらに，共有の書棚，図書室の本としてそれぞれの分野においてどのようなものがあるのか，そして上司・先輩はどのような本を机の上

に置いて参照しているかという点を把握しておくべきです。共有の書棚や上司・先輩の机の上に置かれている書籍こそが，いざリサーチが必要となった場合に優先的に参照すべき候補となります。上司・先輩の机の上の本の中身を勝手に見るのは問題がありますが，背表紙を見て興味を持った場合には，「貸してください」とお願いすれば，快く貸してもらえることも多いのではないでしょうか。このように，日頃から書籍に親しんでおけば，リーガルリサーチもやりやすくなるでしょう。

　⑵　雑誌に親しむ

　雑誌としては，主に（裁）判例が掲載される判例雑誌，学術論文が掲載されている法律雑誌が挙げられます。また，いわゆる週刊誌・月刊紙のような一般向けの雑誌も広い意味では含まれます。これらに加え，実務雑誌もあります。

　確かに，雑誌を全部読むのは大変です。ただ，文献月報（「法律時報」巻末記事）や，学会回顧（例年12月1日発行の「法律時報」に掲載の特集）等をパラパラめくるだけでも，ザックリどのような文献があるかを総覧することができ，その後のリーガルリサーチの役に立つことがあるでしょう。つまり，記憶の片隅であっても「このテーマに関する論文があった」と残っていれば，必要になった場合にそれを手掛かりに論文を探すことができます。

　日頃から記事を読んで雑誌に親しむという意味では，若手弁護士・若手法務パーソンが実務でよく抱くような疑問や，知りたい最新事情について情報を提供する実務雑誌の実務記事・実務論文は，良い「とっかかり」になり得るでしょう。

　実務雑誌は多くの場合，その記載内容を読みやすく分かりやすい方向に寄せています。そのため，実務雑誌の実務記事や実務論文だけを基に「合理的注意を尽くした」としてリーガルリサーチを終わらせることができる場合は多くありません。しかし，一定割合の実務記事等は，より深く勉強したい場合に参照すべき文献についてきちんと脚注や参考文献等で指摘しています。そこで，そのような分かりやすい実務記事等で基礎を固めた上で，リーガルリサーチが必要になった段階で，深掘りのための別の文献にあたる（その際には実務記事等が挙げている文献を参照する）という方法は有用です。

　多くの事務所や企業の法務部門ではビジネス法務，NBL，会社法A2Z等の実務雑誌をいくつか購読しているでしょう。そこで，新しい

号が届くたびにそれをパラパラめくってそのような「とっかかり」になる記事がどこにあるかを把握したり，興味がある記事を読んだりすることで，リーガルリサーチにも役立ちます。金銭的な負担が自分に生じないという意味でも，その雑誌が職場に定期的に届いてアクセスしやすいという意味でも，これは雑誌に親しむ上で比較的ハードルが低い方法と言えます。

　なお，リモートワーク中心の方やオフィスにいる時間は雑誌を読む余裕がないという方は，法律書サブスクを利用しましょう。法律書サブスクは，書籍だけではなく雑誌のバックナンバーも数号分掲載しています。最新号は掲載されていない場合が多いですし，しばらくすると掲載が終了してしまうことも多いですが，興味がある記事を眺めるだけでも雑誌に親しむことができるでしょう。一定期間読まないと掲載が終了することを逆手にとって，「掲載終了までに一応パラパラとは眺める」ことを一つの目標にすることも可能です。

　(3)　リサーチツールに親しむ

　最後はリサーチツールです。多くの事務所や企業では，何らかの法律書サブスクを導入していることでしょう。そのような状況を前提に，とりあえず法律相談を受けたら法律書サブスクの検索窓にキーワードを入れてみるという習慣をつけてはいかがでしょうか。その検索結果を参照するだけで理想的なリサーチとなるかというと，必ずしもそうではないことは第3章で述べるとおりです。だからこそ，より慎重なリサーチをする上で「あたりをつける」方法として，状況に応じてインターネット検索を行うべき場合や，法律書横断中身検索サービス利用するべき場合もあるでしょう。とはいえ，そもそもこのようなリサーチツールを利用する習慣がない方であれば，まずはキーワードを入れてリサーチツールで検索するとどのような世界が広がってくるのかということを理解することが重要です。もしかすると，これまでの自分の回答について，回答までに行った検討が浅かった，より良い回答をするにはリーガルリサーチをすべきだったという感想を抱くかもしれません。そして，もしそう思われるのであれば，今日からでも，リーガルリサーチを始めてみましょう！

　法律書サブスクに加え，判例データベース，論文データベース，法律書横断中身検索サービス等のデータベースにあたってみることを通じて，新たな世界を垣間見ることもできます。こんな（裁）判例があったのか（判例データベース），こんな論文があったのか（論文データベース），この書

籍には（そのタイトルからは想像できないような，）こんな良いことが書いて
あったのか（法律書横断中身検索サービス），といった驚きを味わうことが
できるかもしれません。

# 第2章　適切な問いを立てる

## §11　リスク管理の基礎

キーワード 【リスク管理】【リスク検知】【リスク回避・低減】
【経営判断原則】

**Q**

　適切な問いを立てる上で，リスク管理の観点を踏まえる必要があると
知りました。私はリスク管理のことは何も知らないのですが，リスク管
理についてはどのようなことを知っておけばよいのでしょうか。

**A** ･････････････････････････････････････････････････

　当面は，①リスクを検知し，②リスクを評価し，③リスク回避・低減
策を講じ，④残存リスクを引き受ける／引き受けないという意思決定を
するというリスク管理のプロセスと，いわゆる影響度と発生可能性を踏
まえて検討するというリスク評価の方法，及び経営判断原則の3点を
知っておけばよいでしょう。

**解説**

### 1　リスク管理について知っておくべきこと

　既に法的リスク管理については，「ISO31022:2020 リスクマネジメント
－リーガルリスクマネジメントのためのガイドライン」が公表される等，
法務分野でも様々なリスク管理手法が取り入れられています。その中でも，
リスク管理のプロセス（後述2），リスク評価の方法（後述3），経営判断原
則（後述4）が重要です。

### 2　リスク管理のプロセス

　まず，リスク管理においては，①リスクを検知し，②リスクを評価し，
③リスク回避・低減策を講じ，④残存リスクを受容する／受容しないとい
う意思決定をするという一連のプロセスが踏まれることになります。

　具体的な案件に，そもそもリスクがあるということを認識できなければ
リスク管理ができないため，①リスク検知が重要です（→§13）。

　そして，検知したリスクを評価する（後述3）必要があります。

　リスクが一定以上存在するということになれば，そのリスクを回避・低
減するため，契約上の対応を行う，保険をかける，ビジネスモデルを変更
する等のリスク回避・低減策を講じることになります（→§14）。

　しかし，そのようなリスク回避・低減策を講じても，リスクがゼロにな

るとは限りません。そこで，それでも残る残存リスクについて，やむを得ないとして受容するのか，そのリスクは取れないとして受容しないとするのか（後者の場合は原則としてそのビジネスを進めないということになるでしょう。）という意思決定が問われます（→§15）。この意思決定は経営判断として行われることが多いといえます（後述4）。

### 3　リスク評価において発生確率・影響度を踏まえて検討すること

リスク評価においては，よく「発生確率・影響度マトリックス」といわれる表が用いられます。すなわち，仮にそのリスクが現実化した場合の影響が大きければ大きいほど重大なリスクであり，かつ，そのリスクの発生確率が高ければ高いほど重大なリスクだという観点から，そのリスクはどの程度の影響度があり，どの程度の発生確率があるかを検証し，それに基づきリスクを評価していくことになります。

### 4　経営判断原則

経営者の行った特定の経営判断が，経営判断原則の適用を受け，経営者に注意義務違反がないとされるための2要件は，①決定の過程に著しく不合理な点がない，②決定の内容に著しく不合理な点がないことです（最一小判平成22年7月15日判例時報2091号90頁参照）。この点について詳細は，§15も参照してください。

### §12　問いの候補が多数出てきた

**キーワード【リスク管理】**

**Q**

適切な問いを立てなければならないということで，前提事実及び法律知識にリスク感覚を踏まえて検討（→§5）したところ，問いの候補となるものを多数思いつくことができました。もっとも，そこからどれをリサーチの対象とすればよいのかが分かりません。どれが適切な問いなのでしょうか。

**A**

自分の仕事の目的から適切な問いが何かを考えましょう。弁護士であれば，「いかに依頼者の利益を実現するか」が重要な目的でしょう。また，法務パーソンや企業法務弁護士であれば「全社的リスク管理」（→第3弾Q37参照）です。そこで，「目の前の案件においてどのように依頼者の利益を実現するか／全社的リスク管理を実現するか」という大きな目的に基づき，具体的な状況を踏まえて問いをブレークダウンしていきましょう。

**解　説**

## 1　仕事の目的が適切性を判断する上での基準となること

　前提事実及び法律知識にリスク感覚を踏まえて適切な問いを検討することの重要性は既に§5で述べたとおりですが，そうした検討の結果，問いの候補が多数思いつく場合もあり得るところです。そこで，その中から，実際にリーガルリサーチの「本体」を行って探究の対象とする適切な問いを選び出す基準が必要です。

　ここで，仕事の目的が適切性を判断する上での基準となることが重要と思われます。弁護士であれば，「いかに依頼者の利益を実現するか」が大きな仕事の目的となることが多いでしょう。また，法務パーソンや企業法務弁護士であれば「全社的リスク管理」（→第3弾Q37参照）が大きな意味での仕事の目的です。

　だからこそ，「目の前の案件においてどのように依頼者の利益を実現するか／全社的リスク管理を実現するか」という大きな問題意識を選択基準として，適切な問いを選び出していくべきです。

## 2　リスク管理の観点から問いを選択する

　そして，§1で述べたとおり，企業との関係だけではなく，一般民事であってもリスク管理は重要です。だからこそ，適切な問いを選ぶ際には，どのようにリスクを管理していくかという視点が重要です。

　例えば，顧問先の企業から「この契約を見てください」と，契約書と案件概要のパワーポイントが送られてきたとしましょう。契約書と案件概要を確認したところ，どうも特定の業法に関係しそうであり，許認可が必要かもしれない案件であったとしましょう。

　このような場合，（全社的）リスク管理の実現のため，リスクを検知し（→§13），リスクがある場合にその回避・低減策等を考え（→§14），少なくとも最終的な顧問先企業の判断が経営判断原則の適用を受けるようにサポート（→§15）をしていくことが必要です。そして，それぞれのフェーズにおいて，その観点から必要な「問い」を選択していくことになります。以下，§13〜§15でこの点について解説します。

　なお，第3弾で述べたとおり，法務の業務としては，このようなサポートを基にした経営判断が，事後的な株主訴訟に耐え得る形で記録化され，保存されることまで注意すべきです。もっとも，本書の議論はリーガルリサーチに特化しており，記録化や保存についてはリーガルリサーチ外で別途行うべきものであるため，この点についての詳細は第3弾を参照してください。

## §13 リスク検知の問いとは

**キーワード**【リスク管理】【リスク検知】

**Q**

リスク管理においては「リスク検知」というプロセスがあると聞きました。リスク検知の段階では，どのような問いを選び出していけばよいのでしょうか。

**A** ••••••••••••••••••••••••••••••••••••••••••••••••••••••••

リスク検知は，例えば違法リスク等のリスク管理の対象となるリスクの有無及びその程度を判断することをいいます。そこで，リスクの有無及びその程度を判断するために必要な問いを選び出していくことになります。

**解説**

### 1 リスク検知の問いとは

リスク検知は，例えば違法リスク等のリスク管理の対象となるリスクの有無及びその程度を判断することをいいます。リスク管理の最初のプロセスであるリスク検知を的確に行うためには，リスクの有無及びその程度を判断するのに必要な問いを選び出し，リーガルリサーチを実施する必要があります。

上記§12の案件においては，リスクの有無や程度として，違法リスクの有無，関係する業法は何か，当該業法が定める要件は何か等が関係すると思われます。そこで，そのような観点からの問い（リスク検知の問い）としては，「違法ではないか，関連する法律は何だろうか」，「XX法に違反するため違法ではないか」，「本件はYYの事案であるところ，YYはXX法ZZ条の『VV』に当てはまり，『VVする者は許認可の取得が必要』という要件が満たされ，許認可取得なしにはYYを実施できないのではないか。本件におけるYYが具体的にはWWであるところ，『VV』にWWが含まれるのか」等という形があり得ます。

そもそも，関係する法律がXX法だということを知らなければ，リスク感覚に基づく問い（→§5）として，「違法ではないか，関連する法律は何だろうか」といった問いから始めざるを得ないでしょう。それに対し，XX法ZZ条が当該ビジネスに関連する許認可について定めていることを既に知っていれば，「XX法に違反して違法ではないか」，「本件はYYの事案であるところ，YYはXX法ZZ条の『VV』に当てはまり，『VVする者は許認可の取得が必要』という要件が満たされ，許認可取得なくYYを実施で

きないのではないか。本件におけるYYが具体的にはWWであるところ，『VV』にWWが含まれるのか」等という問いから始めることができるでしょう。このように，どの問いから始まるのかは，各人が認識している前提事実と法律に関する知識の程度によって異なると思われます（→§5）。

　言い換えれば，前提知識が足りずとも，リスク感覚が優れていれば，適切な問いを立てることができるかもしれません（→§20）。仮に最初の問いがリスク感覚に基づく抽象的なもの，例えば，「何らかの法律に反するのではないか」というものであっても，その問いに関するリーガルリサーチの結果，関連する法律がXX法であることが判明するでしょう。そこからXX法違反の有無という新たな問いを立ててリーガルリサーチを行い，そこから「『VV』であれば違法」という答えが導かれ，そこから「『VV』にWWが含まれるのか」という新たな問いを導き出すことができます。その結果として，例えば，「『VV』にはWWが含まれるので，少なくとも現在のスキームは違法」といった「答え」を出すことができます。このような過程を経ることで，仮に当初は当該問いに関する前述の知識をあまり有していない場合であっても，リスクを正しく検知することができます。

　なお，ここでいう「リスク検知」は，リスクの程度についての判断を含みます。つまり，リスクといっても，極めて発生確率が高く，かつ，現実化した場合に重大な結果（最悪の場合には企業の信用失墜・倒産）を招き得るものがある一方で，理論上は存在するが実務上は起こる可能性が低く，また，仮に現実化しても，大きな結果には至らないものもあります。そのため，そのようなリスクの程度がどのようなものかは，次のプロセスであるリスク回避・低減策（→§14）を検討し，実践していく中で重要です。よって，単にリスクが存在するかどうかだけではなく，どの程度のリスクなのかも含めて「問う」ことが必要な場合が多いことにも留意が必要です。上記の案件であれば，実際にXX法が定める許認可を得ずにビジネスを行った場合の民事上，行政上，そして場合によっては刑事上の影響やレピュテーションリスク等を検討し，「XX法には刑事罰が規定されており，実際に過去，許認可を得ずにビジネスを進めたことで行政から指導を受けて，ビジネスを取りやめた案件がある。その案件では民事的にも返金を余儀なくされている」等というような，リスク回避・低減策の検討に資する「答え」を得ることができるかもしれません。

## 2　前提事実との往復の必要性

　ここで，リスク検知の問い，とりわけ法的リスク（典型的には違法リスク）があるのではないかという問いについて，前提事実との往復が必要な

## 14

ことに注意が必要です。

　§10でも述べたとおり，リーガルリサーチにおいては，法的三段論法を適用していく，つまり法律に事実を当てはめて結論を出すところ，前提事実が異なれば，当てはめるべき「適切な法律（条文）」が変わるわけです。同じ契約書（例えば，売買契約書やサービス提供契約書）のドラフトをレビューする場合でも，そのレビューに際して依頼者・ビジネスから伝えられた案件の内容（何を販売するか，どのようなサービスを提供するのか等）によって，「問い」として問題となる法律が異なってくるわけです。

　だからこそ，「もし前提事実がこうであればXX法ZZ条との関係が問題となる（XX法ZZ条の解釈を確認する問いが適切な問いになる）が，そのような前提事実でよいのだろうか」という疑問を持って，前提事実を改めて確認するとか，「XX法ZZ条における３つの要件の全てが満たされると許認可が必要であるところ，３要件のうち１要件に関しては前提事実に関する説明を受けているが，残り２要件に関係する事実関係が不明なので，これを教えてもらう」（もし，残り２要件のうち一つが確実に満たされないのであれば，XX法ZZ条の問題はなくなります。学問的リサーチであれば，今満たされる可能性がありそうな要件を引き続き検討することに意味はありますが，本書が対象とする具体的事案を踏まえた具体的問題意識の存在を前提としたリサーチであれば，確実に満たされない要件があったとしたら，もはやXX法ZZ条を検討する必要がなくなります。）等，前提事実と往復をしながら，適切な「問い」を検討する必要があります。

## §14　リスク回避・低減のための問いとは

**キーワード** 【リスク管理】【リスク回避・低減】

**Q**

　リスク管理においては「リスク回避・低減」というプロセスがあると聞きました。リスク回避・低減のための検討段階では，どのような問いを選び出していけばよいのでしょうか。

**A**

　リスク回避・低減とは，リスク検知の段階におけるリーガルリサーチの結果，「違法である」とか「少なくとも違法リスクがある」等，リスクがあるという「答え」が得られた場合において，次の段階として，そのリスクを回避・低減するための対策を検討することをいいます。そこで，リスクを回避・低減するための対策を講じるために必要な問いを選び出していくことになります。

**解　説**

## 1　リスク回避・低減のための問い

　リスク回避・低減とは，リスク検知の段階におけるリーガルリサーチの結果，「違法である」とか「少なくとも違法リスクがある」等，リスクがあるという「答え」が得られた場合において，次の段階として，そのリスクを回避・低減するための対策を検討することをいいます。リスク管理の次のプロセスであるリスク回避・低減を的確に行うためには，リスクを回避・低減するために必要な問いを選び出し，その問いに答えるためのリーガルリサーチを実施する必要があります。

　例えば，上記§13の案件で，リスク検知の段階のリサーチの結果，ビジネスの内容を変更しないのであれば，XX法上の許認可の取得が必須だと判断されたとしましょう。そうすると，「許認可を取得することは実務上容易か」とか「許認可を取得することで会社に負の影響（行為規制や監督官庁対応による重い負担を課せられる等）は生じないか」，「どのようにビジネスモデルを変更すれば許認可が不要となるか」といった問いが，リスク回避・低減のための問いとして重要となるでしょう（→§7参照）。

## 2　前提事実との往復の重要性

　ここでも§13と同様に前提事実との往復が重要です。例えば，会社としてどの程度許認可取得及びその後の行為規制や監督官庁対応のための準備ができているか／準備をするつもりがあるかとか，どの範囲までビジネスの修正可能性があるかとか，（ビジネスモデルを変更して，許認可を持っている業者と協力するという場合には）許認可を持っている業者の人脈があるか等，具体的な事実関係を踏まえて判断する必要があります。法務パーソンであれば，営業に直接聞く，弁護士であれば依頼者に聞く形で，前提事実と往復（→§13）することで，当該事案を進める上でより適切なリスク回避・低減のための問いを立てられるようにしましょう。

### §15　経営判断原則の適用を受けるための問いとは

**キーワード【リスク管理】【経営判断原則】**

**Q**

　企業法務では，リスク管理のため，「意思決定を経営判断原則の適用を受けるようにすること」が重要であると聞きました。意思決定を経営判断原則の適用を受けるようにするための段階では，どのような問いを選び出していけばよいのでしょうか。

**A** ●●●●●●●●●●●●●●●●●●●●●●●●●●●●●●●●●●●●●●●●●●●●●●●●●●●

　　企業法務に特有のプロセスとして，意思決定を経営判断原則の適用を受けるようにすることが重要となります。具体的には，意思決定の過程及び内容に著しく不合理な点がないことを担保することが必要です。そこで，そのようなプロセスのために必要な問いを選び出していくことになります。

**解　説**

## 1　経営判断原則の適用を受けるための問い

　法務部門は全社的リスク管理を実施することによって，それぞれの経営判断が，経営判断原則の適用を受けることを担保していくことになります（→第3弾Q37参照）。経営判断原則の適用を受けるための2要件は，①意思決定の過程に著しく不合理な点がないこと，②意思決定の内容に著しく不合理な点がないことです（最一小判平成22年7月15日判例時報2091号90頁参照）。よって，リーガルリサーチにおいてもその担保のために必要な問いを選び出していくことになります。

　ただし，例えば，顧問弁護士に問い合わせるとか，顧問弁護士の見解を意見書にしてもらうといった，①意思決定の過程に著しく不合理な点がないという要件を満たすためのプロセスにおいて，顧問弁護士から内容に関する適切なアドバイスを受けることで，②意思決定の内容に著しく不合理な点がないという要件を満たすこともよく見られます。その意味では，この①と②の要件を別個独立したものと理解すべきではありません。例えば，②意思決定の内容に著しく不合理な点がないことを担保するための問いに基づきリーガルリサーチをした結果，この点は顧問弁護士の意見を聞くべきということが判明し，①意思決定の過程に著しく不合理な点がないという要件を満たすためのプロセスに影響するといったこともあり得るでしょう。

　具体的には，「リスクの回避・低減策等を講じた後でもなおリスクは残存しているものの，当該残存リスクを受容する（当該リスクが残存したまま案件を進める）ことでも，著しく不合理な内容の経営判断と評価されないか」等を，具体的なリスクの内容，残存したリスクの程度や現実化可能性，それが現実化した場合の帰結等を踏まえて「問い」として選び出していくことになるでしょう。

## 2　手続の適正さも検討すべきであること

　なお，上記のとおり，顧問弁護士に問い合わせるとか，顧問弁護士の見解を意見書にしてもらうこと自体が，①意思決定の過程に著しく不合理な

点がないという要件を満たすためのプロセスそのものであるため，リーガルリサーチとしては，②意思決定の内容に著しく不合理な点がないことを担保するという観点が主に重要となってきます。他方，例えば法務パーソンであれば，社内規定を確認して適正な手続が取られているかを検討するとか，（顧問弁護士の意見書を取るのであれば，）十分に事実確認を行った上で，その情報を顧問弁護士に提供するであるといった，①意思決定の過程に著しく不合理な点がないという要件を満たすための対応を十全に行うべきです（単に「リーガルリサーチ」の問題ではないので，本書では「問い」として取り上げていない，というだけです。）。

## §16　問いの次に問いが出てくる

**キーワード**【リスク管理】【更問い】

**Q**

リーガルリサーチは適切な問いを立て，それについて調査をすることであると分かりましたが，一つの問いに答えるだけではリーガルリサーチが完結しません。一体いつになったらリサーチは終わるのでしょうか。

**A**

実務では，更問いの連鎖が行われることが通常です。更問いの連鎖の結果，具体的事案を踏まえた具体的問題意識が解消し，案件を進めるための一連のプロセスが実施され，案件が終了して初めてその案件に関する一連のリサーチが完了します。

**解説**

上記§12〜§15から分かるように，多くの場合，リーガルリサーチは「一つの問い」とそれに対する「回答」を得て終わるものではありません。その「回答」が更なる問い（→§7）を生み，それに対する回答を調査する必要が出てきます。また，更問いに対する回答を踏まえ，また新たな更問いが発生するということが繰り返されることも決して珍しくありません。あくまでも，具体的事案を踏まえた具体的問題意識の存在を前提としている以上，案件を進めるための答えを出すことが重要です。

　一連の更問いによって，具体的事案を踏まえた具体的問題意識に基づく疑問が解消すれば，それらを踏まえて案件を進めるための一連のプロセスが実施されます。例えば，案件を進める方向性が決まったら，その方向性で契約書をドラフト・修正するといった対応です。そのような，案件を進めるための一連のプロセスの中で，更に新たな問題意識とそれに基づく新たな「問い」が生まれることもあるでしょう（例えば，契約書の具体的文言を

どうすべきかについての問いが生まれることがあり得ます。）。その結果として，案件が（少なくとも弁護士や法務パーソンのところで）終了して初めて新たな問いを立てなくてよくなります。

　本書が対象とするリーガルリサーチでは，「問い」に「答える」ことそのものが重要なのではなく，いかに（全社的）リスク管理を実現しながら案件を前に進めるかが重要です。そのため，案件を進めるために必要な限りで「問い」は何度でも生まれ続けることになりますし，調べている途中で前提事実の方が変わってそもそも「問い」に答える必要がなくなることもあり得ます。

　もちろん，優秀な法務パーソンが，必要な前提事実の整理や法的検討等の「前捌き」（→第3弾Q53）を完了した上で，「先生が判断すべき論点はこの一つだけです」という形で，検討すべき問いを一つ持ってきて，顧問弁護士がリーガルリサーチを行って，その問いに対する「答え」を出せばそれで完結するといった状況も全くないではありません（そして，効率的な業務遂行の上では，法務パーソンにおいて対応可能な仕事は法務パーソンが，顧問弁護士に依頼すべきところは顧問弁護士にという役割分担が重要とはいえます。）。しかし，それはすなわち，法務パーソン側で上記のような更問いの連鎖を引き受けているというだけであり，案件に対応する法務パーソンと顧問弁護士の「チーム全体」では，上記のような更問いの連鎖への対応を行っていることに変わりはありません。

## §17　不適切な問いとは

**キーワード**　【純粋理論的】【大きすぎる問い】【抽象的】
　　　　　　　【前提知識の不足】【決め打ち】【小さすぎる問い】

**Q**

　適切な問いを立てる必要があるところ，上司や先輩から「その問いは不適切だ」と言われてしまいます。どのような場合に，問いが不適切なものとなってしまうのでしょうか。

**A**

　問いが不適切なものとなってしまうのは，具体的事案を踏まえた具体的問題意識を踏まえていない場合です。このような場合，リスクを管理しながら案件を前に進める上で役に立たない問いとなってしまいます。不適切な問いの例としては，純粋理論的な問い，大きすぎて抽象的すぎる問い，そして前提知識が不足している場合，決め打ち，小さすぎる問い等があります。

**解　説**

## 1　はじめに

　本書の対象とするリーガルリサーチは，具体的事案を踏まえた具体的問題意識の存在を前提に，それを踏まえたものであり，それを前提にリスクを管理しながら案件を前に進める上で役に立つ問いが適切な問いです（→§ 5，§12～§16）。このような適切な問いがあるということは，逆にいえば不適切な問いもあるということです。以下，不適切な問いの例と，不適切な問いを立てないようにするための対策について解説します。

## 2　純粋理論的な問いではなく，実務上の取扱いとその根拠を探究すべきこと

　本書の取り扱うリーガルリサーチの観点からは，純粋理論的な興味に基づく問い，つまり，現実に直面する案件と関係がない問いは，具体的事案を踏まえた具体的問題意識に即しないので，不適切な問いになるでしょう。

　典型的には，純粋理論的な問いがあります。例えば，学説が3種類ある場合に，「それぞれの学説の内容はどのようなものだろうか，どうしてそのような対立があるのか」という問いは確かに理論的には重要かもしれません。しかし，例えば，既に判例・通説・実務が確立していて，それ以外の学説が少数説にとどまるという場合（もちろん，そのような少数説に基づき判例を変更しようと試みるべき場合等例外はありますが），通常は，そのような学説の詳細の確認は実務におけるリサーチとの観点では重要ではないと評価されるでしょう。このような場合，実務上の取扱いがどのようになっていて，それはなぜなのかという問いこそが具体的事案を踏まえた具体的問題意識に即した適切な問いとなるでしょう。

　なお，個人的に興味があるので，特定の案件の対応をするついでにそれと直接関係のない事項を確認してみようというのは，勉強（自己研鑽）としてはよいと思われますが，少なくとも本書の取り扱うリーガルリサーチの問いとしては不適切です。いくら理論的に興味深い問題であっても，目の前の具体的事案と関係がないのであれば，仕事の範疇ではなく勉強の範疇といわざるを得ません。

## 3　大きすぎて抽象的な問いではなく，深掘りした具体的な問いを立てるべきこと

　また，案件を前に進める上で役に立つ問いとなるためには，深掘りした具体的な問いを立てることが必要です。

　もちろん，リスク検知の段階（→§13）において，特に前提知識がないためリスク感覚に基づき問いを立てる場合（→§ 5）には，「違法ではない

か，関連する法律は何か」といった大きくて抽象的な問いを立てざるを得ない場合もあるでしょう。

　しかし，前提事実が変化して問い自体が不要とならない限りは，少なくとも最後までそのような大きすぎて抽象的すぎる問いだけでリーガルリサーチを完結させることはできません。結局のところ，§13で具体的に示したように，当初の抽象的な問いを踏まえ，関連する法律を特定して，問題となる条文や，その具体的事案を踏まえて問題となる条文の具体的文言の解釈のレベルにまで深掘りして具体的な問いを立てる必要があります。要するに，最終的に，深掘りした具体的問いを立てることに向けたプロセスとして，初期段階では抽象的で荒削りな問いを立てることもあるという話にすぎません。

### 4　前提知識が不足していると適切な問いにならないこと

　この点は既に§5で述べていますが，前提知識が不足していると適切な問いが立てられません。例えば，§1の場面3ではPL法の知識が不足していれば「欠陥」や「指示・警告上の欠陥」について問いを立てることができず，具体的事案を踏まえた具体的問題意識の存在を前提を踏まえた問いが立てられない可能性があります。

### 5　決め打ちせず，前提事実をよく確認すべきこと

　資料を一読したり，依頼者やビジネスの説明をちょっと聞いたりしただけで，「これこそが問題の本質だ」と思い込み，その結果として，その手前にある検討すべき項目や，それと全く違う軸の検討すべき項目を見落とすことがあります。

　例えば，依頼者やビジネスの推進したいビジネスモデルに明らかに重大なリスクがある場合，当該リスクのみを考え，その他にもリスクはないかということを考えないと，最初に気付いた問題が解消した場合において，本当は他のリスクがあったのに，そのまま進めてしまうという事態が発生するかもしれません。

### 6　小さすぎる問いではなく，事案の本質を捉えた問いを立てること

　細かいことばかり考えて本質からするとピンボケした問いを立てることも適切とはいえません。例えば，広告等を景表法等の観点から審査するときに，細かい文言一つ一つについて，「この文言が違法とならないか」等を考えてはいけないわけではないものの，その結果として，「広告全体から消費者が受ける印象は何か，それが実態と乖離していないか」という広告審査を行う場合の本質的な問いを立てることを忘れてしまうのであれば，それは小さすぎる問いということになるでしょう。

## §18　問いが適切かの判断基準

**キーワード**【答えに対する違和感】【抽象度】【人に聞く】

**Q**

　　上司・先輩が，「不適切な問いを立てるな，適切な問いを立てろ」と口を酸っぱくして言います。しかし，自分の問いが適切か自信がありません。適切な問いかどうかは，どのように判断すればよいのですか。

**A** ••••••••••••••••••••••••••••••••••••••••••••••••••••••

　　①その「答え」に対する違和感の有無を考える，②あえて抽象度のレベルを一つ上げる，③他の人に相談することが重要です。

**解　説**

### 1　その「答え」に対する違和感の有無を考える

　不適切な問いを立ててしまうと，その後正しい方法でリーガルリサーチの「本体」を行った場合でも，導かれる答えは不適切なものとなります。

　例えば，§1の場面3で，PL法の「指示・警告上の欠陥」に気づかず，「製品は仕様どおりに作られており，契約不適合はなく，そもそも顧客（エンドユーザー）との間に契約関係はない。不法行為についても仕様どおり製造している自社に故意過失はない」と整理すれば，「自社には責任がない。誤った方法で使用をした顧客が悪い」という答えが導かれるかもしれません。

　しかし，顧客が「そういう使用方法が想定されていないなどとは分からなかった。もしそのような使用方法をしてはならないというのであれば，その旨を警告してほしかった」と主張している場合において，このような点を考慮しないまま，責任がないと結論づけることには違和感を覚えるべきです。そして，そのような違和感から，例えば「本当にその結論でよいのか。当社は何らかの指示または警告をなすべきではなかったか」等という正しい問いに結びつけることができる場合があります。

### 2　あえて抽象度のレベルを一つ上げる

　§16のとおり，更問いの連鎖（→§16）の中で，最終的には具体的に深掘りした問いにたどり着かないと，具体的事案を踏まえた具体的問題意識に応えることはできません。

　しかし，問いが間違っている（可能性がある）場合には，あえて抽象度のレベルを一つ上げてみるというのが対応策になります。§1の場面3において，上記1では「自社に債務不履行や不法行為はないか」という不適切な問いを立てていましたが，本当に立てるべき問いは「PL法2条2項の

『欠陥』はないか」でした。ここで，あえて抽象度のレベルを一つ上げ，「（債務不履行か不法行為か等の根拠はともかく）顧客の誤使用についてメーカーが責任を負うことがあるのか」という問いを立てることで，誤使用と指示・警告上の欠陥という問題に気付くことができる場合があります。

### 3　他の人に相談する

　自分で悩んでも分からない場合には，若手弁護士であればボス弁・パートナーや兄・姉弁，法務パーソンであれば同僚・先輩・上司，顧問弁護士等の他の人に相談する（→第9章）することで適切なアドバイスを受けることができる場合があります。

### §19　適切な問いを立てられない

**キーワード**【思考過程】【試行錯誤】

**Q**
　いつも自分で問いを立てて上司・先輩に持っていくと「不適切」だと批判されます。どう頑張っても適切な問いを立てられず，悩んでいますが，どうすれば適切な問いを立てることができるようになるのでしょうか。

**A**
　トライ・アンド・エラーの精神で前向きにいきましょう。

**解　説**

### 1　最初から完璧な問いを立てることはできないこと

　§1及び§12〜§18までの内容を日々実践して問いの精度を上げる努力をすることは重要です。すなわち，日常のリーガルリサーチにおいて，自分の問いは上記の各観点から本当に適切で，具体的事案を踏まえた具体的問題意識に即しているのかを常に問い直し，できるだけ精度の高い問いを立てられるよう努力すべきです。

　とはいえ，最初から完璧な「問い」を立てることができない場合も多いといえます。そして，だからこそトライ・アンド・エラーの精神で，徐々に成長していくことが重要です。ここでは，若手弁護士がボス弁・パートナーや兄・姉弁のピアレビューを受けることが多いこと，及び法務パーソンが先輩や上司のレビューを受けることが多いことが重要です。つまり，まずは自分なりにベストの問いを立てることに尽力しましょう。そして，レビューを受けることで，なぜ自分の問いが適切ではなかったか（適切だったか）を学び，どうすれば迅速に適切な問いに到達することができるかを学びましょう。

　そのような学びを踏まえ，次の機会には，指摘を受けた点について改善
を試み，その結果適切な問いを立てることができたのか，それともまた不
適切な問いとなってしまったのか，それはなぜかという点を確認し，更な
る改善を試みましょう。こうした試行錯誤を重ねるうちに，適切な問いを
立てる能力が向上するはずです。

## 2　思考過程を説明できることが重要であること

　このような試行錯誤を重ねる上では，思考過程を説明できることが重要
です。つまり，先輩がレビューをしてくれる場合において，先輩としては，
後輩が「なぜその問いを立てたのか」は気になるところです。アドバイス
をする先輩の立場としては，後輩の思考過程を知ることで，より適切なア
ドバイスをすることができるでしょう。このような観点からは，自分の思
考過程をレビューしてくれる先輩等に説明することができるようにするこ
とが重要です。

　例えば，自分はこのような形で，具体的事案を踏まえた具体的問題意識
を持った，その際にはこのような前提知識に基づき，このような問いを立
てた等と説明することができれば，先輩としては，「なるほど，前提知識
が足りなかったから，不適切な問いになったのか」等と，より適切なアド
バイスをするためのヒントを得ることができます。

　そこで，単に結果としての「どのような問いを立てたのか」だけではな
く，その問いに至る思考過程を説明できるようにすることで，より適切な
アドバイスを受けることができるようにすべきです。

## §20　適切な問いの前提となる法律知識

### キーワード　【法律知識】【リスク感覚】

**Q**

　適切な問いを立てる上で法律知識はどの程度必要で，その習得にはど
のような方法を用いればよいのでしょうか。

**A**

　司法試験合格者は，一般的法律知識は十分ですが，依頼内容に応じた
個別法の知識を習得すべきです。企業法務においては，リスク感覚に優
れていればビジネス実務法務検定3級でも足りるかもしれませんが，ビ
ジネス実務法務検定2級を取得したいところです。

### 解　説

　適切な問いを立てる上では前提となる法律知識が要求される（→§5）
のですが，その内容はどのようなものでしょうか。

　まずは，一般的な法学入門レベルの知識が必要です。例えば，法令用語がどのような意味を持つのか（「その他」と「その他の」の違い等。法制執務・法令用語研究会『条文の読み方 第2版』（有斐閣，2021年）4頁参照），法源の種類と効力（例えば，法律と条例が矛盾しているように見える場合にどのように理解すべきか等），裁判所における各審級と最高裁の判断の意味（例えば，上告不受理というのは，最高裁として原審の法解釈と同じ法解釈を採用しているというまでの意味はないこと等），法律のパンデクテン方式の体系，「公布」と「施行」の違い等の理解は，どのようなリーガルリサーチでも前提となるでしょう。

　このような理解を前提に，案件に関連する個別法に関する一定の知識も必要です（それが特別法であれば，特別法そのものに加え，その前提となる一般法の知識も必要です。）。とりわけ，業法等の行政法の対応については，それぞれの法律の基本的な仕組みがどうなっているかを理解すべきでしょう（いわゆる「仕組み解釈」）。とはいえ，個別法に対しどの程度の理解が必要かというのは，リスク感覚次第であり（→§13），リスク感覚が鋭ければ，そこまで個別法の知識が豊富でなくても，問いの連鎖（→§7，§16参照）の中で適切な問いにたどり着くことができるでしょう。しかし，そもそもリスク感覚が鋭くなければ，問題があること自体に気付くことができない（いわば「スルー」してしまう）かもしれません。

　リスク感覚を養うためには，多数の「失敗事例」を知ることが重要です。例えば，経営判断に関して，経営判断原則による保護が認められなかった（→§15参照）諸々の事例を知ることで，「このような場合には裁判所は問題がある経営判断だとするようだ」等の感覚が養われるでしょう。

　加えて，一般的なビジネスの類型ごとにどのような法令が関係してくるのかという点に関する知識も，リスク感覚を養う上で重要です。例えば，「暗号資産については資金決済法が関係しそうだ」とか「食べ物や飲み物について健康効果をうたうと薬機法の問題となる」といった基本的な事項は，それが自社や顧問先のビジネスに関係する限り（ただし，新規事業を行う場合もありますので，既存ビジネスに限られません）で幅広く理解しておくべきです。

　少なくとも，前提となる一般的な法学入門レベルの知識は，司法試験合格者はもちろん，真面目に授業を受けて法学部法学科を卒業していれば十分であるように思われます。ただ，個別法に関する知識は，司法試験科目以外も必要であることから，弁護士であっても補充が必要でしょう。例えば，依頼者からよく聞かれる個別法については，その個別法の基本的な仕組みやよく問題となる点（許認可が必要となる場合やその他の規制の要件・内容

等）は，適切なリサーチを行う上での基礎知識として勉強しておく必要が
あります。

　なお，一般的な企業法務において，そのような知識を体系的に身につけ
ているかを確認するものにビジネス実務法務検定があり，最低でも3級程
度の知識はほしいところですが，それだけだと5～10年程度のビジネス経
験等に基づき形成されるようなリスク感覚によって補う必要があるので，
2級を取得したいところです。

## Column 2　問いの適切性について

### 1　どのような「問い」を立てるかが決定的に重要であること

　リーガルリサーチの始まりは，なんと言っても「問い」を立てることです。そこで立てるべき「問い」は，その内容をその後一定の時間と労力をかけて深め，リサーチの「本体」を実施していくことに意味があるものでなければなりません。そして，本書でいうところの，深めていく意味のある「問い」とは，目の前にある事案をよりよく解決できるようなものであるはずです。それは，あなたにリサーチの依頼をしてくる人（典型的には，弁護士であれば依頼者の担当者，法務パーソンであればビジネスの担当者）は，事案の解決のために依頼をしてきているはずだからです。もし，最初に大きく誤った「問い」を立ててしまうと，そこからいくら時間と労力をかけても，全てが「徒労」に終わってしまいます。だからこそ，その目の前の事案をよりよく解決できるような適切な「問い」を立てる必要があります。

### 2　問いの立て方——第2弾§5を例に

　以下では，「問い」の立て方について，第2弾§5の問いを基に見ていきましょう。

> 事例：弁護士であるあなたは，顧問先であるA社の社長から相談を受けました。A社が経営しているコインランドリーの駐車場につき，向かいの家のBさんから，「コインランドリーの客が駐車している自動車のアイドリング音がうるさい」とのクレームが入ったようです。

　このような事例において，もしかすると，「どの程度の音量であれば受忍限度内か」という「問い」を立て，例えば，当該コインランドリーの駐車場が所在する自治体の条例（例えば，東京都の「都民の健康と安全を確保する環境に関する条例」）等の騒音規制の内容を調査して，当該規制における基準値等が何かを調査する，というような形のリーガルリサーチをしてしまう人がいるかもしれません。しかし，本当にその「問い」が具体的状況の下で当該事案の解決に適切なのかということを，実際にリサーチを始める前によくよく考えてみる必要があります。

　第2弾§5においては，筆者らの経験（なお，守秘義務の問題が生じるような，実際に扱った案件そのものを提示しているのではなく，一般論の範囲で実務

経験を応用可能な仮想事例を作成した上で，もし筆者らが対応するとすればどのように考えるかを例示していることにご留意ください。）に基づき，何らかの理由でBさんの主張する内容が必ずしも客観的事実と合致しないこともあり得ることに言及しています（第2弾19頁）。すなわち，「現場・現物・本人」を確認してみることこそが大事であって，一方的に「A社のコインランドリーの客が一定以上の音量を出してBさんを困らせているところ，それが法的に責任を負うほどであるか否かが問題だ」と決めつけて，その「問い」に対応したリサーチを開始するべきではありません。

　例えば，Bさんに精神的な問題があったり，または，聞き違いや思い込みをしたりしたため，何の騒音も発生していないにもかかわらず，一方的にA社に問題があると思い込んでいるという場合において，（あなたの助言に基づいて）A社が「当社で調査したが，基準値を下回る音量しか発生していないので法的に責任はない」という回答をしたとします。この場合，Bさんはそれに納得して矛を収めるのでしょうか。つまり，A社がBさんとの間で抱える問題が解決するのでしょうか。このようなことを考える必要があります。例えば，Bさんとしては，もはやA社と話しても無駄だと考え，駐車場に無断で「アイドリング禁止」等の立て看板を立てるとか，場合によっては，コインランドリーに駐車する客に対して直接「アイドリングをするな」等と訴えて，トラブルを発生させるような事態が生じるかもしれません。こうなると，「問い」の立て方が不適切であるがゆえに事態の解決に向かうどころか，かえって状況を悪化させるということにもなりかねません。

　そこで，まずは，Bさんの訴える内容を詳細に聞き取るべきです。ただし，常に弁護士がBさんから直接話を聞く必要はなく，A社の担当者が詳しく聞き取っていれば，その担当者が聞き取った内容を詳細に伝えてもらうということでも十分でしょう。Bさんは，具体的に，どのような曜日のどのような時間帯にどの程度継続して，または断続的にどのように聞こえる音が発生すると主張しているのかという点を詳細かつ具体的に把握すべきです。

　そして，次の段階で，把握した内容について，事実確認，いわゆる「裏取り」を行うことが必要です。例えば，コインランドリーの稼働状況のデータと照らし合わせて，「Bさんは毎週火曜の深夜2時頃に大音量が聞こえるというが，少なくともここ1か月は，火曜の夜はせいぜい午前0時くらいまでしか顧客は来ておらず，次にコインランドリーが稼働するのは水曜の午前6時台である」等という事実確認結果が出てくる

かもしれません。

　ただし，このデータだけで，アイドリング音の問題が存在しないと即断するべきではありません。例えば，A社のコインランドリーの広い駐車場が暴走族の溜まり場になっていて，毎週火曜の深夜に暴走族が集まって爆音を鳴らしているところ，当然のことながら暴走族はコインランドリーを利用していないといった状況もあり得るところです。この点は，例えば，コインランドリーやその駐車場の監視カメラ映像等をもとに事実認定を行っていくことになるでしょう。

　このような状況を踏まえながら，実際に生じている事態に即したより適切な「問い」とは何かを考えていくべきです。場合によっては，先述したとおり，「近隣住民が精神的な問題を抱え，その結果として依頼者に対して抗議を行う場合において，この問題をどのように解決すべきか」といった難しい問いこそが本件においてより適切な「問い」であったという事態もあり得るところです。

　これはあくまでも1つの例ですが，このように，「現場・現物・本人」の重要性を最大限意識しながら，その事案その事案の解決にとって適切な「問い」とは何かを謙虚に追究していくことが重要です。始めに立てた「問い」は仮説的なものに過ぎず，仮説的な「問い」を立てて情報を得て，得た情報に基づき仮説的な「問い」の妥当性を検討していくのが適切でしょう。その中で，「問い」が不適切だと判明することもあるかもしれません。その場合には，その段階で柔軟に「問い」を修正しながら対応を進めましょう。

# 第3章 あたりをつけ，条文を探す

## §21　条文が分からない

キーワード【あたり】

**Q**

　リサーチの起点は条文だということですが（→§6），自分の立てた問い（→第2章）に対応する条文が分かりません。どうすればよいですか。

**A**

　まずは，「あたり」をつけ，どの条文を起点にリサーチをすればよいかを検討するきっかけとしましょう。

解　説

　リーガルリサーチは条文を起点に展開します（→§6）。すなわち，どの法律のどの条文のどの文言が問題となっているかを特定し，その上で，その解釈を検討するという手順が必要です。しかし，そもそもどの法律の問題かが分からなかったり，どの法律であるかは判明してもどの条文かが分からなかったりすることも少なくありません。そのようなその場合には「あたり」をつけましょう。

　「あたり」の付け方は§22以下で詳述しますが，例えば，§1の場面3であれば，インターネット上を「誤使用　法律」と検索することで，製造物責任法が問題となることや，「指示・警告上の欠陥」というものがあること，場合によっては問題となる条文はPL法2条2項であること等，大体の「勘所」を掴むことができます。このような情報を基に，条文を起点とした展開につなげましょう。

## §22　あたりのつけ方が分からない

キーワード【あたり】【インターネット検索】【法律書サブスク】

**Q**

　「条文が分からなければあたりをつければよい」とのことですが，どのように「あたり」をつければよいかが分かりません。あたりをつけるために，具体的にどうすればよいのですか。

**A**

　主にインターネットの検索，事案によっては法律書サブスクを利用して，そのキーワードや，「キーワード＋法律」，「キーワード＋条」等で

検索しましょう。

**解　説**

## 1　頻出の問題に対してはインターネット上を検索することが有効であること

　比較的多くの情報がインターネットに掲載されていそうな「頻出」の問題であれば，インターネット上を検索することがオススメです。インターネット検索の強みは，自分が入力した用語が専門用語としては誤っていても「もしかして」等の機能によって幅広く検索できることです。

　例えば，§1の場面3において，「指示・警告上の瑕疵」という表現は，PL法2条2項が「指示・警告上の欠陥」としているので誤っています。しかし，この論点は比較的頻出ですから，インターネットで「指示・警告上の瑕疵」と検索すれば，「誤使用と指示・警告上の欠陥」に関する情報を入手することができます。

　このように，自分がその問題についてよく知らないものの，何らかのリスクがあるのではないかという問題意識に基づきリーガルリサーチを進める場合には，「キーワード＋法律」，「キーワード＋条」等を入れて検索すると，その検索結果の中に自分が探していた法律概念や問題となる法律等が含まれることはよくあります。それによって「あたり」をつけることができます（→§25参照）。

## 2　専門的であれば法律書サブスクが有用であること

　一方で，より専門的な論点については，インターネットで検索をしても有用な情報が出てこない可能性があります。

　例えば，合弁企業に自社の従業員を取締役として出向させる場合において，どのような点に注意すべきかといった点について知ろうとして，インターネットで「合弁企業　出向　取締役」で検索しても，なかなか思うような回答は出てこないようです（2024年4月現在）。

　これに対し，LEGAL LIBRARY，BUSINESS LAWYERS LIBRARY，Legalscape等の法律書をサブスクリプション形式で閲覧させるサービス（以下「法律書サブスク」と呼びます。）では，このような問題意識に対応した合弁契約（ジョイントベンチャー）に関する書籍を収録していることが多く，このような専門的論点について，「あたり」をつけることができます（2024年4月時点では，LEGAL LIBRARYにおいて「合弁企業　出向　取締役」で検索すると，宍戸善一，福田宗孝，梅谷眞人著『ジョイント・ベンチャー戦略大全 設計・交渉・法務のすべて 改訂版』（東洋経済新報社，2022年）261～262頁の記載等，有益な記載が上位に出てきます。）。

　ただし，現時点では，法律書サブスク内の検索機能で，収録されている書籍に掲載されているものと少し違うキーワードを入れた場合，インターネット検索と比較して，類似するキーワードを持つ情報を拾ってくることが相対的には弱い傾向にあるようです。つまり，適切な検索結果を得るには専門用語が正しいものである必要があるということです。要するに，専門用語を正しく理解していれば，法律書サブスクを利用することで，より正確な情報にたどり着く可能性が上がり，専門的でインターネット上に掲載されていそうにない内容であれば，法律書サブスクで「あたり」をつけることが有益なことがあります。

　なお，このような法律書サブスクで検索をする場合であっても，キーワードを短くすることで対応できることがあります。例えば，「合弁企業　出向取締役」で良い検索結果が出てこない場合に「合弁企業　出向　取締役」と，3単語に区切る等の方法が効果的です。

## 3　その他法律書横断中身検索サービスも利用可能であること

　これら以外に，法律書横断中身検索サービスも利用可能です。この点は，§27を参照してください。

## §23　あたり段階と答えを探す段階の区別

**キーワード**【あたり】

**Q**

　「あたり」をつけようとしていますが，「あたり」をつけるためのリサーチを行っている段階でもある程度情報を得ることができます。そうすると「あたり」をつける段階で何を行い，「答え」を見つける段階で何を行うかがよく分からなくなるのですが，「あたり」をつける段階ではどの程度の情報を得ることが望ましいのですか。

**A**　••••••••••••••••••••••••••••••••••••••••••••••••••••••

　「あたり」をつける段階では，どの法令が問題となるかが判明すれば十分です。一方，一定以上長い法令の場合には，どの条文が問題となるかまで判明することが望ましいでしょう。

**解　説**

　§6で述べたとおり，そもそもどの条文が問題となるかが明確になれば，直ちにその条文を起点としたリサーチ（→第4章以下）を開始すればよいのであって，「あたり」をつける必要はありません。

　「あたり」をつける必要があるのは，どの条文を起点に展開すればよいかが分からない場合です。言い換えれば，リサーチの対象とする条文を確

定させることが「あたり」をつける目的です。特に長い法令，例えば民法
については「民法が問題となる」というレベルではなかなか調査を開始す
ることができず，民法何条の問題であるかが重要となります。

　逆にいうと，「あたり」をつける段階では，条文を見つけるだけで十分
であり，「答え」を見つけることは必要ありません。答えを見つけるのは
条文を見つけた後の展開の段階です（→§34参照）。

　なお，「問い」の内容，特にその専門性の度合いによっては，そもそも
条文レベルで「あたり」をつけることが難しく，まずは法律レベルでしか
「あたり」がつけられないこともあります。その場合には，やむを得ませ
んので，どの法律が関係しているかというレベルであたりをつけることを
目標としましょう（→§28）。

## §24　あたりをつけようとインターネット検索をしたら答えが見つかった

**キーワード**　【あたり】【インターネット検索】

**Q**

　「あたり」をつけようとインターネット上を検索したところ，そこで
良い記事を発見しました。その記事には「問い」に対する答えが書いて
いたので，これをもってリーガルリサーチを終了させてもよいですか。

**A**

　ダメです。インターネット上を検索をするのはあくまでも「あたり」
をつけるためであって，その結果発見された記事は通常は「根拠」にな
りません。

**解説**

　弁護士や法務パーソン（インハウスを含む）の行うリサーチの特徴として
「根拠」が必要であることは§2で述べたとおりです。ところが，イン
ターネット上で無料で公開されている記事は原則として「根拠」になりま
せん（→§3）。「あたり」をつけるためのインターネット検索で出てきた
記事は，あくまでも「あたり」をつけるために利用するだけのものであっ
て，それをそのまま「根拠」とすることは想定されません。

　そのため，「あたり」をつける過程で，いくら良さそうな記事を発見す
ることができたとしても，原則としてその記事そのものを「根拠」とする
ことは回避すべきです。ただし，その記事が具体的な条文，書籍，裁判例
等を引用しているのであれば，そこで引用されている条文，書籍，裁判例
等の情報は参考にできるかもしれません。なお，例外的にインターネット
上の無料で入手できる情報を根拠とできる場合については，§73を参照し

てください。

## §25　インターネット検索であたりをつける方法

**キーワード**【あたり】【インターネット検索】

**Q**

　インターネット検索をして「あたり」をつけることが上手くできないのですが，どのように「あたり」をつければよいのですか。

**A** ●●●●●●●●●●●●●●●●●●●●●●●●●●●●●●●●●●●●

　目の前の事案に基づきキーワード検索をしてみましょう。「法律」や「条」等を追加して検索することで，素速く「あたり」をつけることができる可能性が高まります。

**解　説**

　§22でインターネット検索であたりをつける方法について簡単に説明しましたが，以下ではより詳細に説明していきましょう。

### 1　キーワード検索

　一般的には，目の前の事案からキーワードを抽出して検索をすることで「あたり」がつくことが多いといえます。ただし，インターネットを検索して出てくる法律情報には根拠がないものが多い（→§24）わけです。よって，キーワード検索だけでは，条文等が判明せず，「あたり」をつけるという目的が達成できないことがあります。

　そこで，AND検索，つまり，キーワードとキーワードの間に1字分のスペースを空けて検索するやり方を使って，元のキーワードに「法律」や「条」等を追加して検索することで，素早く「あたり」をつけることができきます。

　適切なキーワードで検索をすると，検索結果に表示されるスニペット（検索先のサイトの抜粋）の中に，法律名と条文が出てくることもあります。そうすると，検索結果画面を見ただけで起点となる条文をスムーズに把握することができます（ただし，その条文が本当に正確なものかは，実際にその条文を六法等で引き，当該条文を起点にリサーチの「本体」を展開する中で確認・検証する必要があります。）。

　また，検索結果のうちの，法律や条文といった根拠を示していそうなサイト（法律家が執筆している，専門家向けのものがこれに該当することが多いでしょう。）のリンクをクリックして読んでみると，そこには法律や条文が記載されていることも多いでしょう。

## 2　誤字補正や類義語での検索機能

　なお，Google等の検索エンジンにおいては，誤字補正や類義語での検索機能がデフォルトで適用されます。例えば，(相殺に関する)「対等額」という誤ったキーワードで調べた場合には，自動的に「対当額」も含めた検索結果を表示します。また，「瑕疵」について調べた場合，自動的に「欠陥」についても一緒に調べてくれます。その場面で利用されるべき専門用語を正しく理解していなくても，Google等の検索エンジンの「もしかして」機能，すなわち，類義語検索機能により，正しい専門用語に基づく検索が可能となる場合があります。

　ここで重要なのは，Google等の検索エンジンの類義語検索機能が有効に働くのは，専門用語でも一般のユーザーにより多く検索されるようなものに限られるということです。すなわち，非常に専門性が高いものについては，類義語検索機能は有効に働きません。また，ポピュラーなキーワードと自分が探したいキーワードが類似している場合に，(自分が探したいものと異なる)キーワードを検索エンジンが勝手に「こっちだろう」と判断して検索結果に出してくることがあります。確かに，自分が有名なキーワードのものを探す際にタイプミスをしたとか，正確な表現を使えなかったという場合には大変有益です。しかし，自分が探しているのがマイナーなキーワードの場合には，むしろ有害なこともあります。例えば，PL法の「欠陥」だけを問題としていて，旧民法の「瑕疵」は問題としていないといった場合に，「欠陥」で検索したのに「瑕疵」の話が出てくるといったあまり適切ではない状況が発生する可能性があります。この場合は，キーワードを「" "」で括って，当該用語が表示されるサイトに限定して検索するとか，類似するキーワードの前に「-」をつける「マイナス検索」を利用して，そのキーワードの含まれるサイトを表示しないようにすべきです。

　このようなGoogle検索の手法は「演算子」による検索として，「Google検索の結果を絞り込む」(https://support.google.com/websearch/answer/2466433?hl=ja) で紹介されており，演算子の一覧は「Google　検索演算子の概要」(https://developers.google.com/search/docs/monitor-debug/search-operators?hl=ja) が参考になります。より高度な検索手法として「正規表現の例」(https://support.google.com/ a /answer/1371417?hl=ja) に掲載されている検索もあります。

## §26　法律書サブスクであたりをつける方法

**キーワード**　【あたり】【法律書サブスク】

**Q**

法律書サブスクを使って「あたり」をつけることが上手くできないのですが，どのように「あたり」をつければよいのですか。

**A** ••••••••••••••••••••••••••••••••••••••••••••••••••••••••••••••••

目の前の事案に基づきキーワード検索をすることになります。他方，法律書サブスクでは，誤字補正や類義語検索などの検索機能が一般的な検索エンジンほど実用的ではないことに留意が必要です。

**解　説**

§22で法律書サブスクを利用してあたりをつける方法について簡単に説明しましたが，以下より詳細に説明していきましょう。

インターネット検索でうまく「あたり」がつけられないという場合，その理由が，専門性が高いため，インターネット上の無料で公開される情報の範囲内（Google等の検索エンジンで調べることができる範囲内）には適切な資料が存在しないということもあり得ます。

このような状況を踏まえ，法律書サブスクを利用することがあり得ます。法律書サブスクの場合，基本的には法律の専門書が掲載されているため，条文に基づく議論が行われています。そのため，特に「条文」や「法律」というキーワードを含めず，単に，目の前の事案に基づきキーワード検索をするだけで「あたり」をつけることができます。

確かに，法律書サブスクを「あたり」をつけるために使うことには，一定の優位性があります。例えば，法律書サブスクにはコンメンタールが含まれることが多いため，キーワード検索の結果，コンメンタールの該当する条文に関する解説が出てくることがあります。もしそうであれば，「あたり」をつけるフェーズからそのまま条文を起点に展開するフェーズ（→第4章）に行くことができるかもしれません。上記のとおり，インターネット検索の結果として出てきた情報は「根拠」とはできないことから，あくまでも条文を探すこととしてしか使えません（→§24）。しかし，法律書サブスクでコンメンタール等の適切な書籍を見つけることができれば，その書籍が実務上参照可能な（参照すべき）「根拠」ですので，検索結果として，自分の問題意識との関連性の高いものが出てきた場合には，そのままスムーズにリーガルリサーチを行うことができます。

このように法律書サブスクには優位性があることは事実です。もっとも，

法律書サブスクは，キーワード検索の「表記ゆれ」検索機能が，Google等の一般的な検索エンジンほど実用的ではないことに留意が必要です。例えば，専門用語の漢字が誤っていると，それだけで検索結果が10分の１等に激減したり，場合によっては検索結果ゼロとなったりすることがあります（法律書サブスクで，§25で取り上げた「対等額」と「対当額」をキーワードとして検索してみると，誤った表記である「対等額」の場合に検索結果が大きく減るという事象が起こります。）。

　しかも，法律書サブスクの場合，Google等の一般的な検索エンジンと比較して，検索対象となるデータベースのデータが，一部の法律書，雑誌等に限られているのが通常です。そのため，本書の対象とするところのリーガルリサーチで利用する法律書，論文等には必要な情報が掲載されているものの，当該データベースにはその法律書，論文の情報が存在しないことから，検索結果に上がってこないこともあります。

　そこで，条文を起点として展開するフェーズでは積極的に法律書サブスクを利用すべきではあるものの，少なくともインターネット検索で良い「あたり」がつけられるような一般的な論点については法律書サブスクではなく，インターネット検索で「あたり」をつけることが望ましいでしょう。

## §27　法律書横断中身検索サービスであたりをつける方法

**キーワード** 【あたり】【法律書横断中身検索サービス】

**Q**

　インターネット検索でも，法律書サブスクでもうまく「あたり」をつけることができないのですが，他にどのような「あたり」をつける方法がありますか。

**A**

　法律書横断中身検索サービスを利用して，専門用語のキーワードで検索することで，ヒット確率を増やし，「あたり」をつけることができます。

**解　説**

　リーガルリサーチにおいては，法律書横断中身検索サービスが有用です。ここでいう法律書横断中身検索サービスというのは，著作権法47条の５（軽微利用）の例外を利用して，様々な法律書をスキャンした上で，キーワードで検索すると当該キーワードが存在する法律書の該当ページのスニペット（該当ページのキーワードの前後の文章）を表示するサービスです。一

般的な書籍であればGoogleブックスがスニペットを表示しますが，Google
ブックスでは表示されるスニペットが少なく，満足のいく検索ができない
（キーワードを含むであろう本がどれかは分かってもその本のどこにどのように当該
キーワードを含む文章が存在するかが分からない）ことが多いのに対し，法律書
横断中身検索サービスでは，そのキーワードの前後が表示されることから，
「この本の○ページに知りたいことが書いてある」ということがダイレク
トに分かるという意味で，検索機能が優れている上，検索対象となる法律
書の冊数は法律書サブスクよりも多いことが特徴です。とはいえ，あくま
でも検索をするサービスであって，法律書サブスク（→§26）と異なり，
法律書のデータそのものを提供するものではない（スニペット情報しか提供さ
れない）ことに留意が必要です。

　そうすると，（あたりがついても，その後法律書は別途入手しなければならないと
いう意味で）「あたり」をつけるフェーズからそのまま条文を起点に展開す
るフェーズ（→第4章）に行くことができないため，法律書横断中身検索
サービスに法律書サブスクよりは不便な部分があることは事実です。

　もっとも，検索対象となる法律書の冊数は法律書サブスクよりも多いこ
とから，法律書サブスク（→§26）と同様に専門的なキーワードで検索す
ると，法律書サブスクでは数件程度しか関連する書籍が出てこなかった場
合でも，法律書横断中身検索サービスなら数十件出てくることがあり，そ
こから「あたり」をつけることができる場合があります。

## §28　様々なあたりをつける方法の使い分け

### キーワード 【あたり】【インターネット検索】
### 【法律書サブスク】【法律書横断中身検索サービス】

**Q**
　§25～§27を見る限り，様々な「あたり」をつける手法があるよう
で迷ってしまいます。これらをどのように使い分けて「あたり」をつけ
ればよいのでしょうか。

**A**
　①まずはインターネット検索を利用すべきで，一般的な内容であれば
これで十分に「あたり」をつけることができます。②専門性があり，
キーワードとして選ぶ専門用語について自信があるなら，法律書サブス
クが利用可能です。③法律書横断中身検索サービスは，キーワードの専
門性が高く，法律書サブスクで上手く検索できない場合に補充的に利用
するとよいでしょう。

---

**解　説**

## 1　一般的な内容はインターネット検索

　まず，一般的な内容であればインターネット検索に優位性があります。「あたり」をつけるフェーズの目的はあくまでも，問題となる法律や条文を探すことであって，決して，「答え」を探すことではありません（→§21以下）。だからこそ，そのような「あたり」をつけるレベルの情報がたくさん見つかる可能性が高く，多くのデータから検索できるインターネットが第一優先です。インターネットでの「あたり」の付け方は§25を参照してください。

## 2　専門性があり，キーワードとして選ぶ専門用語について自信があるなら法律書サブスク

　§26で説明したとおり，適切なキーワードを基に「あたり」をつけ，そこからすぐに条文から展開できる可能性があるという意味で，法律書サブスクは有益です。

　ただし，ここも§26で説明したとおりですが，類義語検索等はインターネット検索の方が法律書サブスクよりも優れているため，正しいキーワードを知らない場合や漢字を間違えている場合には，上手く検索できないことが多いという点には留意が必要です。

　そこで，専門性が高い分野におけるリサーチで，自分がキーワードとして選ぶ専門用語に自信があるなら法律書サブスクを利用して「あたり」をつけるべきですが，そうでなければ，インターネットで検索して「あたり」をつける方がよいでしょう。

## 3　法律書横断中身検索サービスも補充的に利用可能

　これに加え法律書横断中身検索サービス（→§27）の利用も考えられます。法律書横断中身検索サービスは，法律書サブスクと異なり，法律書のデータそのものは提供していません。あくまでもこの書籍のこのページに検索キーワードと同じキーワードが出現することをスニペット付きで示すものにすぎません。

　その意味で，お目当ての書籍を発見しても，そこから図書室や図書コーナーから書籍を借りてきたり，書籍を購入したりしなければならないという意味で手間はかかります。とはいえ，法律書横断中身検索サービスは，法律書サブスクと比較して，より多くのデータが検索対象ですので，検索結果が何倍にもなることがあります。

　よって，インターネットで検索しても，法律書サブスクで検索しても「あたり」をつけられない場合には，法律書横断中身検索サービスも補充

的に利用するとよいでしょう。

## §29　法律レベルでしかあたりがつけられない

**キーワード** 【あたり】

**Q**

　「あたり」をつける際，本来は「条文」を探すべきだとは理解していますが，法律レベルでしか「あたり」がつけられず，「条文」に至りません。どうすればよいのですか。

**A** ・・・・・・・・・・・・・・・・・・・・・・・・・・・・・・・・・・・・・・・・・・・・・・・・・・・

　法律全体をザッと読むことや，法律の解説書をパラパラ読むことで条文にたどり着くという方法を採用するしかないでしょう。

**解　説**

　上記§21〜§28までの方法で，おおむね「あたり」はつけられると思われます。しかし，それでも，法律レベルでしか「あたり」がつけられず，「条文」に至らないという場合もゼロではありません。

　例えば，非常にマニアックな法律であれば，「どうもこのような法律が問題となるらしい」というレベルの情報を発見することができても，それを超えて各条文に関する説明等を発見できないことも全くないとはいえません。

　そのような場合には，少なくとも法律までたどり着くことができた以上は，その法律の目次を読んで，その後ザッと条文を見ることでお目当ての条文にたどり着くという方法があります。

　さらに，関係するキーワードが判明している場合は，e -Gov上で関連する法律の条文をそのキーワードで検索（Ctrl+F）することで，そのキーワードを含む条文にたどり着くことができます。

　また，法律が特定できれば，その法律についての解説書を探すことができるはずです（→第5章）。そのような解説書を「パラパラ」読むことで，関係する条文にたどり着くという方法もあるでしょう。

## §30　どうしてもあたりがつけられない

**キーワード** 【あたり】

**Q**

　§21〜§29までの「あたり」をつける方法を全て試してみたものの，「あたり」がどうしてもつけられません。どうすればよいのですか。

**A** ••••••••••••••••••••••••••••••••••••••••••••••••••••••••••••

①キーワードを変える，②検索する場所を変える，③問いが適切かを再度検討する，④人に聞くの４つを実践してみましょう。

**解　説**

## 1　キーワードを変える

まずは，キーワードを変えることが考えられます。探したいものが同じであっても，違う観点から複数のキーワードを考えてみましょう。

例えば，雇用における男女格差是正措置について調べるため，「アファーマティブ　アクション　雇用　条文」で調べても，うまく男女雇用機会均等法８条が出てこないかもしれませんが，「アファーマティブ　アクション」を「ポジティブアクション」にすると出てくるかもしれません。

その場合においては，元のキーワードの検索結果（スニペット，または検索結果として出てきたサイトの記事）の中に「適切なキーワード」があるかもしれません。また，「類語」とか「言い換え」等というキーワードを追加してインターネットで検索することで，言い換え語の候補を知ることができるかもしれません。

## 2　検索する場所を変える

次に，キーワードを変えてもダメであれば検索する場所を変えましょう。インターネット検索で上手くいかない場合には法律書サブスク，それでもダメなら法律書横断中身検索サービス，と検索する場所を変えてみましょう。

もし，専門的すぎてインターネット検索ではほとんど情報が得られないということなら，法律書サブスクまたは法律書横断中身検索サービスに情報があるかもしれません。

## 3　問いが適切かを再度検討する

そもそも「あたり」がどうしてもつけられない理由が，問いが不適切だから（→第2章）ということもあります。例えば，「従業員との労働契約を業務委託契約にすれば自由に解雇できるか」という問いを立て，その問いから自然に出てくるキーワードである「業務委託契約　解除」でインターネット検索をしても，とっかかりが見つからない可能性があります。むしろ「形式だけを業務委託契約にしても実質が労働関係であれば違法となるのではないか」という方向が正しい「問い」です。「実質　労働契約」等で検索すると，「労働者派遣事業と請負により行われる事業との区分に関する基準」２条が見つかるでしょう。

これはあくまでも一つの例にすぎませんが，上手く「あたり」がつけら

れないことをきっかけに，再度「その問いが適切か」という点を問い直してみましょう。

## 4　人に聞く

　それでもどうしてもあたりがつけられなければ，最後は人に聞く（→第9章）しかないでしょう。

# Column 3 「あたり」のつけ方の例

## 1 あたり百回

　本章ではリーガルリサーチの始め方として，「あたり」をつけることの重要性を説明してきました。しかし，最初から上手に「あたり」をつけられる人はいないでしょう。リーガルリサーチが苦手だという人の多くは，「何からリサーチを始めればよいのか分からない」と感じておられるものと想像します。

　そのような疑問に対する回答は「トライ・アンド・エラーを繰り返しながら，あたりをつける方法を体得するしかない」というものにならざるを得ません。つまり，何度も何度もチャレンジをして，最初はある意味では「下手な鉄砲百撃ちゃ当たる」の精神で対応するしかないのです。その上で，百回（これはもちろん「比喩」ですので，実際には3回や5回等の場合もありますし，もっと多い場合もあるでしょう。）「あたり」をつけようと試みたうちのどれか一つが当たったとすると，その1つが当たったのはなぜかを考えるわけです。そして，それに基づき「仮説」を立てます。例えば，「『甲』という類型のリサーチをする場合には，『乙』であたりをつけると上手くいきそうだ」といったものです。そして，次のリサーチではその仮説を他の案件にも適用していきます。例えば，また「甲」という類型のリサーチの案件に当たったら，上記仮説を踏まえ「乙」で「あたり」をつけてみるということです。もしそれで上手くいけば当該仮説が正しい可能性が高いため，引き続き同様に対応するのがよいでしょう。これに対し，結果的に乙がダメであれば，再度「あたり百回」の精神でトライ・アンド・エラーを繰り返すことになります（2回目のリサーチで「乙」が当たっても，3回目のリサーチで「乙」が外れた場合等にも，同様にトライ・アンド・エラーを繰り返すことになります）。その過程で，例えば「『甲』という類型のうち，『甲1』のパターンでは『乙』が有用だが，『甲2』というパターンなら『丙』が有用」といった形で仮説が精緻化され，より正確で実用性のあるものとなります。

　本書の特に第3章においては，筆者らがこれまでのリーガルリサーチにおける経験で獲得した有用と考えられる仮説及びなぜその仮説が上手くいくことが多いと思われるのかを説明しています。もっとも，筆者らは本書の記載を決して万能だとは考えていません。そこで，是非読者の皆様にはこれを参考にしながらも，皆様ご自身の実務に即したベターな仮説を模索していただきたいと考えています。

## 2　秘密特許の例

> 事例：A社法務知財部門の担当者のあなたは，同社の技術者から
> 2024年4月に「そういえば，今度特許が全件公開ではなくなって
> 調査業務が大変になったと聞いたけど，具体的にどうなるのです
> か」という質問を受けました。

この場面では，まずは該当する条文を探すことになります。条文が判
明すれば条文に基づくリサーチを実施することになります。ここでは
「特許」についての質問がされていますので，特許法の条文に何か関係
するものがないかを探すのが自然です。

ここで，特許法64条は出願公開を定めているところ，現行（2024年4
月時点の）特許法上，出願を公開しないという文言は見当たりません。

> （出願公開）
> 第64条　特許庁長官は，特許出願の日から一年六月を経過したと
> 　きは，特許掲載公報の発行をしたものを除き，その特許出願に
> 　ついて出願公開をしなければならない。次条第一項に規定する
> 　出願公開の請求があつたときも，同様とする。
> （略）

しかし，ここで諦めず，リサーチの手がかりを探しましょう。これが
「あたり」をつけるということです。そして，これは専門的な質問です
ので，法律書サブスク，例えば，LEGAL LIBRARYで探すこととしま
しょう。

LEGAL LIBRARYにおいて「出願公開」というキーワードで検索す
ると最初に出てくるのは中山信弘『特許法　第4版（法律学講座双書）』
（弘文堂，2019年）です。これは定評のある書籍ですので，十分に参考に
なると考え，読んでみると「今日では秘密特許制度は存在せず，公序良
俗または公衆衛生を害するおそれのあるもの以外はすべて公開されるこ
とになっている」（228頁）という，2024年4月時点の最新の法令とは異
なる記述にあたります。なぜそうなっているかと言えば，LEGAL LI-
BRARYに掲載されているのが2019年出版の「第4版」だからです。よ
く見るとLEGAL LIBRARYは右側のサイドバーに「より新しい版が出
版されています」とのアラートを表示しています。実際，同書第5版の

236〜237頁には適切な記述が存在します。そして，実は検索結果に（関連度順検索においてはかなり下の方に）大川信太郎『企業法務のための経済安全保障入門』（中央経済社，2023年）が掲載されており，「政府は，基本方針に基づき，特許出願非公開基本指針を定める」といったスニペットが表示されているので，ここから同書の関係する箇所に飛ぶことができる人がいるかもしれません。

　これに対し，同じくLEGAL LIBRARYを利用する場合であっても，「秘密特許」，「特許出願非公開」といった適切なキーワードを利用すると，渡井理佳子『経済安全保障と対内直接投資』（信山社，2023年）や上記『企業法務のための経済安全保障入門』が検索の上位に出現します。しかし，なかなかそのような適切なキーワードを最初から入れることができないことも多いでしょう。

　ここで，法律書サブスクではなく，法律書横断中身検索サービスを利用するとどうなるでしょうか。「出願公開」で検索すると上位の検索結果としては一般的な出願公開に関する記載のスニペットが出てきます。例えば，「出版日の新しい順」にしてしばらく下に行くと中山信弘『特許法　第5版（法律学講座双書）』（弘文堂，2023年）の適切なスニペットが出てきますが，そこまでたどり着けない方もいるかもしれません。

　本書において既に述べたように，法律書サブスクや法律書横断中身検索サービスには，検索したキーワードと異なるものの類似する意味のキーワードを含む書籍を検索する上で課題があります。そこで，（「秘密特許」，「特許出願非公開」といった）適切なキーワードを想起できない場合においては，むしろ，自然言語検索が可能で，曖昧な表現への対応が得意な，インターネット検索が有用です。インターネットで「特許を非公開にできる」，「特許を秘密にする」等という，思いついたとおりの文言で検索すると，特許庁の「特許出願非公開制度について」（https://www.jpo.go.jp/system/patent/shutugan/hikokai/index.html）が出てきます。それによって，本事案において問題となるのは特許法ではなく，経済安全保障推進法66条以下の特許出願非公開の話だとわかります。

　この特許庁のサイトにたどり着けば，そこからリンクが貼られている内閣府ホームページの「特許出願の非公開に関する制度」（https://www.cao.go.jp/keizai_anzen_hosho/patent.html）においてQ&Aやガイドラインを入手できます。仮にこの特許庁のサイトにたどり着けなくても，条文や条文の「特許出願非公開」等の文言に基づいて，LEGAL LIBRARY等の法律書サブスクや法律書横断中身検索サービスで検索すると，上記の

書籍（なお，『特許法（法律学講座双書)』であれば第5版）を含む書籍等に基づき適切な情報を得ることができるでしょう。

　インターネット検索だけでリサーチを完結することはできませんが，リサーチの内容次第では，その過程の中で，特に「あたり」をつける際においてインターネット検索が有用なこともあるということもご理解いただけたのではないかと考えます。

# 第4章 条文を起点とした展開の方法

## §31 条文とは何か

**キーワード** 【法令】【通達】【ガイドライン】【Q&A】
【社内規程】

**Q**

「あたり」をつけてリサーチを行った（→第3章）のですが，どうも「法律」の条文はないようです。そうすると条文を起点として展開することはできないのでしょうか。ここでいう条文とは何ですか。

**A** ●●●●●●●●●●●●●●●●●●●●●●●●●●●●●●●●●●●●●●●●●●●●●●●

　本書において，「条文」は，基本的には法律，政省令，告示，条例・規則等の条文を指し，これに通達等が含まれることもあります。また，社内規程等が含まれることもあります。このような広い意味の「条文」ですので，「法律」レベルに条文が見当たらない場合には「法律」以外の条文が問題となります。なお，リーガルリサーチにおいては，このような広い意味における条文さえも見当たらない場合もあり得ます。そうした場合の対処法も以下で別途解説しますので（→§33），心配無用です。

**解 説**

### 1 基本となる法律，政省令，告示，条例・規則等

　条文を起点として展開するというのは，要するに実務で必要な「根拠」（→§2）となるのは条文・（裁）判例・通説・実務であるところ，（裁）判例・通説・実務はいずれも条文の解釈論である以上は，条文が最も重要なスタート地点となる，ということです。

　だからこそ，ここでいう「条文」は，基本的には法律，政省令，告示，条例・規則等の条文を指します。例えば，特定の法律の特定の条文の解釈が問題となることが分かれば，そこからコンメンタールその他を踏まえて調査をする，つまり「展開」をすることができます（→§34）。そこで，まずは，展開の起点になる法律，政省令，告示，条例・規則等の条文を探すことになります。なお，東京証券取引所の有価証券上場規程及び諸規則等の，いわゆるソフトローの条文もここでいう「条文」に含まれます。

### 2 通達・ガイドライン，Q＆A等

　このような，（裁）判例・通説・実務が解釈する対象として全ての起点となるという観点からすれば，通達・ガイドライン，Q＆Aの条項はむし

ろ、「答え」または展開の中で「答え」を導くためのヒントになることが多く、展開の起点になる条文ではないことが多いといえます（→§71も参照）。

ただし、例えば税法における基本通達等の条文が展開の起点となり、そこから更に実務的な下位規範を調査するということもあり得ます。ここで考慮すべきことは、通達等は裁判所がそれと異なる解釈をする可能性があるという意味では、法的拘束力がないことです。しかし、これらは行政庁の運用の基礎となっているため、依頼者や自社の行政対応に疑義を持たれる（これ自体が回避すべきリスクです。）ことを回避する上で参照すべき場合が多いといえます。また、業法等に関してはこのような通達等に基づき実務運用が確立していることも多く、その意味でも、参照すべき場合が多いといえます。

## 3　社内規程等

リーガルリサーチは、基本的には一般に適用される法制度の内容を把握するものであって、自社内の規程の内容や解釈を「リーガルリサーチ」の範疇に含めるべきか疑問があるところです。とはいえ、実務では、特定の取扱いが違法ではないものの、社内規程に違反するからそのような取扱いはできないとか、社内規程上特定の手続が求められている等の理由から、それを履践する必要がある場合があります。そのような場合に、リサーチの対象となることもあります。

ただし、そのような調査は、社外の弁護士がすることは少なく、むしろ社内の法務パーソンの仕事と理解すべきでしょう。なお、法令は通常は（ルールメイキング等の例外的な場合を除き）所与のものとして取り扱うことになりますが、社内規程については、社内規程に合わせて案件の進め方を変えるという方向にとどまらず、当該案件への対応方針が、現状の社内規程に反する、または、現状の社内規程を前提にすれば著しく非効率的になる場合においては、社内規程の方を変更する対応も取り得る点に留意が必要です。

なお、契約の条文等は前提事実（→§5）となることが多く、契約の条文がどのように解釈されるべきかは、その条文がどのような任意規定をどのように修正しているのかとか、当該条文の文言どおりの適用を制限する強行法規はないかといったことを検討して決まります。そのような観点から「任意規定」や「強行規定」を探してその裁判例・通説・実務を検討するというリーガルリサーチを行い、その結果を踏まえて条文の修正提案等を行うことが実務上多いでしょう（ただし、例えば「完全合意条項は裁判例にお

いてどのように解釈されることが多いか」等，一般条項については，契約条項に関するリーガルリサーチが行われることもあります。）。

## §32　条文はどこにあるか

**キーワード**【法令】

**Q**
　上司・先輩にマニアックな法令の条文を調べろと言われました。条文はどのように調べればよいでしょうか。

**A** ･････････････････････････････････････････････････････････････
　六法，e-Gov法令検索，法令データベース，日本法令索引，官報・法案の掲載場所，条例であれば例規集等を参照することになります。

**解　説**

### 1　はじめに

　条文を調べる方法として，六法，e-Gov法令検索の利用が最もポピュラーと思われます。加えて，各データベース会社が法令データベースを提供しているので，それらを利用することもあるでしょう。国立国会図書館の日本法令索引や官報，各所轄省庁の「国会提出法案」，衆議院・参議院の「議案」を見るべき場合もあります。条例であれば例規集をインターネット上にアップロードしている自治体も増えていますが，それがなければ条例Webアーカイブデータベース，自治体広報等を参照することになるでしょう。

### 2　六法

　まずは，六法全書，判例六法，小型六法等，実務家であれば，自分が日常的に利用する六法があるでしょう。ただし，マニアックな法令を調べる場合には六法に掲載されていないものも探さなければなりません。

　なお，最新の六法を購入したとしても，安易に過去の六法を捨てることは避けるべきでしょう。例えば，附則の経過規定の定め等により，施行前の行為については施行前の法令が全部または一部適用されることがあるところ，訴訟等で過去の特定時点の行為が問題となり，経過規定に基づき過去の特定時点で施行されていた法令の特定が必要となる場合があります（なお，附則の定め方は法律や改正によって異なっており，法律の本文は改正するが附則の定めにより「当面の間」は本文と異なる内容を適用すると定める場合もあります。）。このような場合に，過去の特定時点で施行されていた法令の特定には，古い六法が役に立つことがあります（なお，過去の六法のデータベースにつき，後述4を参照してください。）。

## 3　e-Gov法令検索

　e-Gov法令検索（https://elaws.e-gov.go.jp）には，最新の改正が比較的早く反映されています。ただし，「公布即施行」の場合には既に施行されているのに法令が最新化されていない場合があることには留意が必要です。公布済みで未施行の条文は，左側の「沿革」タブ→「時系列」タブをクリックして，今後施行される法改正とその施行日（具体的施行日が決まっていないと「施行日：未確定」となる。）を指定することで閲覧することができます。

## 4　法令データベース

　各データベース会社が法令データベースを提供しています。年月日を指定してその時点のデータを探すことができるものもあります。なお，過去の六法を参照できるデータベースもあります。

## 5　日本法令索引

　日本法令索引（https://hourei.ndl.go.jp）は，法令の改正経緯や沿革等を調べる場合に便利です。法令沿革（改正経緯），被改正法令（その法令により改正された法令が何か），審議経過等の情報が整理されています。過去の法令を確認する場合において，この法改正によってこのように変わったという点を確認する目的で利用可能です。審議経過欄から，国会会議録検索システム等の当該法令に関する議事の箇所に飛ぶことができるので，そのような審議経過を踏まえた条文解釈を理解する上でも参考になります。

　なお，戦前を中心とした過去の法令については，名古屋大学法令データベース（https://jahis.law.nagoya-u.ac.jp/lawdb/），国立国会図書館デジタルコレクション（→§46）等で補うべき場合もあります。

## 6　官報・法案等

　未成立や未施行の法案・法令を調べる場合，e-Gov法令検索では対応できないことがあります。成立・施行が先であれば，現時点での対応は不要であって，成立・施行後に対応すればよいと思われるかもしれません。しかし，例えば，施行に向けて社内規程の改訂をする等，未施行であっても，施行後の内容を確認してそれを踏まえて対応すべき場合があります。

　未成立・未施行の法案・法令を調査するにあたって，まずは，公布され官報に掲載されていれば，官報を検索することになるでしょう。インターネット上の官報の閲覧は，原則有料ですが，最新のものは無料で閲覧することが可能です。

　法案については，いわゆる内閣提出法案は各所轄省庁のウェブサイトの「国会提出法案」コーナーで見ることができます（サイト限定検索は§71で説明しますが，法務省なら「国会提出法案　site:moj.go.jp」で検索することがオススメで

す。)。ただし，審議の過程で修正されることもあります。そのような場合，衆議院・参議院のホームページの「議案」を見るべき場合もあります。

## 7　条例

　条例であれば例規集をインターネット上にアップロードしている自治体も増えています。例えば東京都なら，東京都例規集データベース（https://www.reiki.metro.tokyo.lg.jp）です。そこになければ条例Webアーカイブデータベース（https://jorei.slis.doshisha.ac.jp），自治体広報等を参照することになるでしょう。自治体広報等にはインターネット上で参照できるものもありますが，インターネット上になければ，国立国会図書館等で調べることになるでしょう。

## §33　条文がない

**キーワード**【法令】

**Q**

　いくら探しても条文が見当たりません。条文がない場合どうすればよいのですか。

**A** ● ● ● ● ● ● ● ● ● ● ● ● ● ● ● ● ● ● ● ● ● ● ● ● ● ● ● ● ● ● ● ● ● ● ● ● ●

　まずは条文が本当にないのかが問題となります。本当に条文がない場合，条文以外の展開の起点を探すことになります。

**解　説**

### 1　条文が本当にないのかを確認する

　まず，「条文がない」というのが，条文を探すことができていないだけなのか，それとも探している条文が本当に存在しないのかが問題となります。

　いわゆるウェブサイトで送信されるCookieについて，その具体的な事案では，提供先で個人データとならないところ，「個人情報保護法を探しても，提供先で個人データとなる個人関連情報の第三者提供の制限等に関する31条しか条文がない」として，本件に関連する条文がないと即座に判断したものの，実際には，電気通信事業法27条の12の外部送信規律が適用されるといった状況は起こり得るわけです。

　このような場合には，あたりがつけられない場合（→§30）と同様に①キーワードを変える，②検索する場所を変える，③問いが適切かを再度検討する，④人に聞くの4つを実践しましょう。

### 2　本当に条文がない場合には，条文以外の展開の起点を探す

　そして，上記の検討の結果，本当に条文がないという場合，条文以外の

展開の起点を探すことになります。

　具体的には，条文というのは通常はそれ自体が「答え」なのではなく，それを起点に展開することで，書籍，裁判例，論文等の「答え」が掲載されているものを探すことができるからこそ，まずは条文を探すという側面が大きいといえます。

　しかし，例えば，権利能力なき社団，使者，譲渡担保，履行補助者等は，民法の条文上は規定されていないものの重要な概念です。このようなものをリサーチの対象とする場合には，書籍，裁判例，論文等の「答え」が掲載されているものを探すために，条文以外の展開の起点を探すことになります。すなわち，書籍，裁判例，論文等の「答え」が掲載されているものを探す手がかり（起点）を探すことさえできれば，必ずしも条文を見つける必要はありません。例えば，基本書等を通じてその概念に関する基本的な内容を確認することができれば，それを起点に調査することができるでしょう。

## §34　条文を起点に展開する方法

**キーワード**【法令】

**Q**

　条文を起点にして展開するといっても，具体的にどのようにするか分かりません。どのようにするか，具体的な方法を教えてください。

**A**

　条文を基礎として，書籍，（裁）判例，論文等に展開していきます。
　優先順位として書籍→（裁）判例→論文の順番で展開することが多いといえます（→§35）。以下，それぞれの展開の順序を概観します。

**解　説**

### 1　書籍への展開

　書籍への展開の順序としては，①コンメンタールを利用した展開，②定評のある基本書を利用した展開，③実務書等を利用した展開等があります。要するに，定評のある「根拠」を，「答え」が書いている可能性の高いものから順にあたって探していくイメージです。詳しくは，§36及び第5章を参照してください。

### 2　（裁）判例への展開

　（裁）判例への展開の順序としては，①書籍内に出てきた（裁）判例を調べる，②条文検索・体系検索で（裁）判例を調べる，③キーワード検索で（裁）判例を調べる等があります。要するに，重要性の高い（裁）判例

にできるだけ早く接することができるように進めるイメージです。詳しくは，§37及び第6章を参照してください。

### 3　論文への展開

　論文への展開の順序としては，①書籍で引用されている論文を調べる，②（裁）判例からそれに対する評釈論文（調査官解説等を含む）へと展開する，③論文の引用する論文を更に芋づる式に調べる，④論文をキーワードで検索する等があります。論文を探す必要がある場合には，徹底的な調査が必要となっている状況であることが予想されることから，論文を重要な順から網羅的に調べるイメージです。詳しくは，§38及び第7章を参照してください。

### 4　その他

　その他，パブリックコメント等（→第8章）や人に聞く（→第9章）等の方法は，§39を参照してください。なお，条文がない場合については，§33及び上記に準じて展開していきます。

## §35　展開の順番

キーワード　【法令】

**Q**

　書籍，（裁）判例，論文といったものを全部調べるのは大変そうです。どのような順番で検討していけばよいですか。

**A**

　書籍から始め，そこから（裁）判例に展開し，必要があれば更にそこから論文その他に展開する方法がオススメです。

**解説**

　本書でいうリーガルリサーチは「調べ切る」ことを目的とするものではなく，あくまでも，具体的事案を踏まえた具体的問題意識の存在を前提とした問いに対する答えを探すための調査プロセスです（→§1参照）。そこで，あくまでも，合理的注意を払ったといえる程度の調査を尽くせば足ります（→§9）。そこで，そのような趣旨の「答え」をできるだけ効率的かつ正確に探すという観点で，優先順位をつけてリサーチを行うことになります。

　その観点からすると，もし「定評のある書籍に答えが載っている」ということであれば，まさにその定評のある書籍こそが「根拠」（→§2）となりますので，まずはそうした書籍（→§36，第5章）を探すべきでしょう。そこから「裏取り」や「書籍の記載のより深い理解」等のために（裁）判

例（→§37，第6章）に展開すべきでしょう。

　もちろん，そうした書籍がなければ，やむなく（裁）判例を検索して，出てきた（裁）判例に基づいて相場感を把握するための検討をすべき場合もあるでしょう。

　なお，論文（→§38，第7章）については，実務の問題意識を反映した論文も一部存在するものの，多くの場合には，学者が学者の問題意識に基づいて書いているため，「その学者の学説（少数説の場合も少なくない。判例・通説と同じだとそもそも論文にならないこともある）」が記載されていることも多いことからすると，本書で扱うような実務上のリーガルリサーチにおける優先順位は書籍や（裁）判例よりは劣るでしょう。ただし，調査官解説（→§62）は除きます。

　それ以外のパブリックコメント等（→§39，第8章）は，行政法で所轄官庁が実務対応について事細かく規定している分野であれば特に有用であり，書籍の次，場合によってはガイドライン，Q&A等をここに含めれば優先順位は書籍よりも上である場合もあります。しかし，もちろんそのような分野だけではないので，「一般的なリーガルリサーチ」という意味では順位は劣後することが多いように思われます。

　なお，どうしても分からなければ人に聞く，その他の方法を使うことになります（→第9章）。

## §36　書籍を使った展開

**キーワード**【コンメンタール】【参考文献】【芋づる式】

**Q**

　まずは，書籍を使って展開すべきだということですが，具体的に書籍を使ってどのように展開すればよいかを教えてください。

**A**

　コンメンタール，定評のある基本書等で「あたり」をつけて特定した条文を利用して展開します。

**解　説**

　§34において述べたとおり，「答え」が書いている可能性が一番高いことから，まずは書籍を使って調査を行います。

　そして，信頼のできる「根拠」となり，条文に則して記述がまとまっているという意味で，書籍の中でも，コンメンタールが第一優先といえるでしょう。すなわち，コンメンタールが存在する法分野であれば，コンメンタールが条文ごとに精度の高い法解釈等をコンパクトにまとめていること

から，起点となる条文に基づき，コンメンタールの当該条文の箇所を読む
というのが効率性と確実性の双方の観点から最も有益です。

加えて，定評のある基本書（実務において多くの人が参照するもの。上司・先
輩のデスクに置かれている基本書がこれに該当する可能性が高いといえます。）も有
用です。例えば，会社法でいうところの江頭憲治郎『株式会社法』（江頭会
社法），民法でいうところの我妻榮『民法講義』（我妻講義），潮見佳男「法
律学の森シリーズ（タイトルは『新債権総論Ⅰ・Ⅱ』，『新契約各論Ⅰ・Ⅱ』，『不法行
為法Ⅰ・Ⅱ』）」（潮見森），中田裕康『債権総論』，『契約法』（中田債権総論・契
約法）等です。これらは基本的には体系的に記述されていますので，当該
条文が体系上どこに位置付けられるか（パンデクテン方式からすぐに分かりま
す。）を踏まえて該当箇所を探すことになるでしょう。

実務書については玉石混交ですが，根拠なく「実務上こうなっている」
として結論だけを述べるものではなく，基本書や（裁）判例等の根拠を記
載している実務書には価値があります（根拠がない，単なる「実務上こうなっ
ている」というだけの記載は眉に唾をつけた方がよい（単に著者が不勉強で，調べてい
ない，知らないだけの可能性がある）のですが，きちんと根拠を調べ，「実務上の取扱
いとその根拠」（→§17）を明示している文献の実務に関する記載は相対的に信頼でき
る場合が多いといえます。）。

これらの書籍を探して実際に展開する具体的な方法については，第5章
を参照してください。

### §37 （裁）判例を使った展開

**キーワード**【法令】

**Q**
次に，（裁）判例を使って展開するということですが，具体的に
（裁）判例を使ってどのように展開すればよいかを教えてください。

**A**
書籍内において引用される（裁）判例を調べたり，条文からの検索・
キーワード検索等で調べたりして展開します。

**解 説**

#### 1 書籍で出てきた裁判例を調べる

（裁）判例を調べる契機としては，書籍に（裁）判例が引用されている
ので，そこから（裁）判例に展開するというものが代表的です。

例えば，コンメンタールで重要（裁）判例として引用されているものや，
基本書・実務書等が引用している（裁）判例は，実際にその判示事項とそ

の前提となる事実関係が，目の前の事案とどの程度法的に意味のある（→
§3）類似性を持つかという点を確認することが重要でしょう。

　残念ながら，一部の実務書では，（裁）判例の「当事者の主張」をまる
で判旨であるかのようにして引用している等の問題があることがあるため，
「孫引き」ではなく，（裁）判例の原文を自分の目で確かめないと，リサー
チ結果が不適切なものとなって「実務上合理的な注意を尽くした」（→
§9）といえないことも多いでしょう。

## 2　条文から（裁）判例を検索する

　条文が起点になっていれば，その条文に関する（裁）判例を条文検索
（D1-Law.comなら参照法令，Westlaw Japanなら参照条文）または体系検索（D1-
Law.comなら体系目次，Westlaw Japanなら新判例体系）で調べるのもまた十分に
効果的な方法でしょう。

　ただし，これらは編集作業の関係で，最新の（裁）判例にメタデータ
（条文情報，体系情報等）がついていない可能性があるとか，独自収録（裁）
判例の一部はそのようなメタデータ（条文情報，体系情報等）を付する対象
になっていないので検索から漏れるといった可能性があることに留意が必
要です。

　例えば，特定の条文のうちの「A」という文言の解釈が問題となってい
る（裁）判例を知りたい場合に，条文のキーフレーズである「A」をキー
ワードに設定して検索するときを想定します。その「A」というキーワー
ドが一定以上長い，または，その条文との関係でしか出てこない固有性が
あれば，特定の条文の条文検索で出てくる（裁）判例の数はキーワード検
索をして出てくる（裁）判例の数より（「A」というキーワードが出てこないも
のの，その条文と関係する（裁）判例が存在するということで）多いか，または同
一のはずです。しかし，実際には，キーワード検索で出てくる（裁）判例
の数が条文検索で出てくる（裁）判例の数より相当程度以上多いというの
はよく見かける現象です。

## 3　キーワード検索で（裁）判例を調べる

　上記2で述べた条文からの検索の問題を踏まえると，キーワード検索な
らばそのキーワードが含まれた（裁）判例が全て出てくるので，網羅性は
上がります。一方，逆に，その問題を取り扱う（裁）判例がどのような表
現を用いているかという点が問題となります。ある程度表記揺れ補正，類
義語自動検索や，AIによる類義語サジェスト等がされるデータベースも
ありますが，そうした機能がないデータベースを検索した場合は，内容的
にはど真ん中の（裁）判例なのに，「そのキーワード」が含まれないため

に見つからないということもあります。

　なお，条文を起点にすることのメリットは，裁判官は判決の中で条文の核となる文言をそのまま用いることが多いので，条文の核となる文言をキーワードとすることで，ある程度網羅的に関連する（裁）判例を発見できる見込みが高まるところにもあります。これらの（裁）判例を探して実際に展開する具体的な方法については，第6章を参照してください。

## §38　論文を使った展開

**キーワード** 【調査官解説】【芋づる式】

**Q**

　その後，論文を使って展開するということですが，具体的に論文を使ってどのように展開すればよいかを教えてください。

**A** ●●●●●●●●●●●●●●●●●●●●●●●●●●●●●●●●●●●●●●●●●●●●●●●●

　①書籍で引用されている論文を調べる，②（裁）判例からそれに対する評釈論文（調査官解説等を含む）へと展開する，③論文の引用する論文を更に芋づる式に調べる，④論文をキーワードで検索する等の展開方法があります。

**解 説**

### 1　書籍で引用されている論文を調べる

　論文を調べる契機としては，書籍に論文が引用されていたのでそこから論文に展開するというものが代表的です。マイナー論点のためにそこで詳細に論じる紙幅がないといった場合，コンメンタールや定評のある基本書が結論だけを書いて，詳細は特定の論文を参照するようにして，論文のタイトル等を示すことがあります。また，書籍によっては，結論さえ書籍には書かずに，特定の論文を参照するよう示していることも見られます。そこで，書籍の論旨を理解し，リーガルリサーチにおいて必要な情報を得るため，そのような論文を読むことは有用です。

### 2　（裁）判例からそれに対する評釈論文（調査官解説等を含む）へと展開する

　判例データベース上では，（裁）判例に対応する評釈論文データがメタデータとして記録されていることが通常です。そこで，評釈論文を読むことで，その（裁）判例をよりよく理解することは，「実務上合理的な注意を尽くした」（→§9）といえるため重要なこともあるでしょう。なお，本書では最高裁判例に対する調査官解説（→§62）も評釈論文の一種として扱っていますので，調査官解説に関する説明は「論文」に関する第7章に

おいて行うこととします。

## 3　論文の引用する論文を更に芋づる式に調べる

論文の特徴として，多数の別の論文を引用していることが挙げられます。いわゆる「巨人の肩に乗る」ために，これまでの先行研究をまとめているということです。そこで，A論文で引用されているB論文を読み，B論文で引用されているC論文を読み……という形で，芋づる式に関連する論文を調べることができます。

芋づる式に重要な論文を適切に引き出すためには，優れた博士論文（博士論文は原則として全文が公開されます。そうした中でも書籍化されたもの，学会賞を取ったもの等は比較的優れている可能性が高いといえます。）を起点として，その論文がコンパクトかつ網羅的にまとめている「先行研究」の各論文を読むという方法が有益です。

## 4　論文をキーワードで検索する

加えてCiNii Research（→§66），NDL-OPAC（→§46）等を利用して論文をキーワードで検索することも論文への展開の方法として有益です。

これらの論文等文献を探して実際に展開する具体的な方法については，第7章を参照してください。

---

### §39　うまく展開できない

（キーワード）【インターネット検索】

**Q**
　　書籍・（裁）判例・論文をリサーチしてもうまくいきません。どうすればよいでしょうか。

**A**　• • • • • • • • • • • • • • • • • • • • • • • • • • • • • • • • • • • • • • • • • • • • • • • • • • • • •
　　インターネットやその他有料データベースを利用して，パブリックコメント等を検索しましょう。

**解　説**

## 1　書籍・（裁）判例・論文以外のリサーチ対象

書籍・（裁）判例・論文以外のリサーチ対象としては，以下のものが挙げられるでしょう。

・パブリックコメントに対する所轄官庁の回答
・グレーゾーン照会に対する所轄官庁の回答，ノーアクションレター等，審議会等における議論（議事録・資料等）
・規格・基準・民間自主規制等
・報告書等・先例・事例・国会会議録

・通達・ガイドライン，Q & A（→§31参照）等

## 2　展開方法——インターネット，有料購入，その他有料データベースの利用

　これらの資料は，インターネット上に掲載されていることがよく見られます。すなわち，パブリックコメント，グレーゾーン照会に対する回答，ノーアクションレター，審議会議事録・資料等はインターネット上に掲載されていることが多く，internet archivesやWARP（→§74）を含めればかなり多くのものを無料で入手できます（その際のサイト限定検索等の検索手法は，第8章を参照してください。）。

　規格・基準・民間自主規制等はインターネット上で無料でダウンロードできるものもありますし，一部は有料で購入することができるものもあります。

　先例・事例等については，インターネットの他，新聞雑誌データベース等の有料データベースで検索すると発見することができる場合があります。

　国会会議録は「国会会議録検索システム」（https://kokkai.ndl.go.jp）から探すことができます。

　これらの資料を探して実際に展開する具体的な方法については第8章を参照してください。なお，それ以外の，人に聞く等の方法は，第9章を参照してください。

### §40　どこまでの資料を確認すればよいか

**キーワード**【合理的注意】

**Q**
　リサーチを始めましたが，関連する資料は無限にあるように思えて絶望的な気分になっています。いつになったら終わるのですか。

**A**
　「実務上合理的な注意を尽くした」段階で終わらせることができます。以下，「答え」が書かれていたメディアごとに，その後の対応を説明しましょう。

**解　説**

### 1　はじめに

　実務上の案件を進める上で直面する問題への回答を探すための調査プロセスとしてのリーガルリサーチは「実務上合理的な注意を尽くした」といえるところまで展開し，そこで得られたものが「答え」になります（→§9）。

　確かに，案件の重要性や締切りまでの時間等を踏まえて必要な掘り下げの程度は変わるので，具体的な事案ごとの判断とはなりますが，以下では，参考までに，企業法務における日常的なリサーチ（数時間程度で終わるもの）を想定して書籍や（裁）判例を利用した調査の終わらせ方を例示します。

## 2　コンメンタールに記載が存在する場合

　条文と問題となる当該条文の文言が特定されていることを前提に，コンメンタールにおいて，判例・通説・実務の当該文言の解釈について，特定の内容で一致しているという記載があれば，それだけでほぼ「答え」と判断してよい場合が多いでしょう。ただし，当該判例について念のために裏取りする（判例の本文を読んで事案を見て，目の前の事案と異ならないか確認する，調査官解説（→§62）で射程についての記載を見る等して自分の事案に判例の射程が及ぶことを確認する）ことが望ましいでしょう。

　定評のある基本書であれば，コンメンタールと同様に扱うことができる場合も多いでしょう。

## 3　実務書に記載が存在する場合

　これに対し，実務書に「実務ではXという扱いとなっている」と書かれているだけであれば，それだけを根拠とするのではなく，更に当該実務書の引用する「根拠」を確認して調査をすべき場合が多いでしょう（→§35参照）。

　そして，その実務書が詳細に様々な（裁）判例や学説等を引用した上で，実務での取扱いについて結論づけているのであれば，引用されている（裁）判例を見て裏取りをする必要があります。その結果，確かにその実務書で実務とされている内容が（裁）判例によって裏付けられているのであれば，それが「答え」であると判断できることが多いように思われます。

　これに対し，その実務書が理由もなく結論だけを書いているものであれば，他の実務書（複数の実務家が同様のことを述べていることは一定程度信用性を向上させます。特に根拠を書いているものがあればより信用性が高まるでしょう。）を探すとか，（裁）判例を条文やキーワード検索で調査する（→§37）等，更なる調査が必要なように思われます。

## 4　（裁）判例の場合

　（裁）判例の場合には，それが最高裁判例かそれ以外かが重要です。

　最高裁判例が見つかった場合には，調査官解説（→§62）等でその判旨の射程について確認しましょう。比較的新しい最高裁判例でその判旨の射程が目の前の事案に及ぶ旨調査官解説等に書かれていれば，基本的にはそれが「答え」であると判断してよいことが多いです。ただ，古い最高裁判

例であれば，その後，新しい判例が出されていないかの確認が必要であることは当然ですし，その後下級審で当該判旨について，いわゆる「下位規範」が発達することもあります。そのため，当該最高裁判例を引用する（裁）判例を検索する，最近の当該最高裁判例に触れる書籍を読む等して最近の動きを確認すべき場合もあります。

　最高裁判例でなければ，それはあくまでも特定の事例について特定の裁判官がそのような判断をした，というだけです。もちろん，裁判官は一定程度均質ですので，同じような事例であれば同じような判断が下されるかもしれない，という限りでの期待はありますが，最高裁判例とはその先例的価値において大きな違いがあります。また，複数の（裁）判例が矛盾している場合もあります。その意味では，（裁）判例は参考にはなるものの，それだけで「答え」と即断することはできません。ただし，一つ（裁）判例が見つかれば，その（裁）判例が判断に用いた文言でキーワード検索をすることで，更なる（裁）判例を探すこともできます（→§37）し，また，その（裁）判例を引用する書籍や論文等を踏まえて，よりリサーチを深めることもできますので，リサーチの「きっかけ」としては有益です。なお，複数の（裁）判例が存在してそれらが相互に矛盾していれば，明確な「答え」はまだないと結論づけざるを得ないでしょう。そこで，グレーの濃さを判断（→§8）するため，判断の分かれ目は何か，どちらの（裁）判例の数が多いか，審級はどうか，最近傾向が変わっているということはないか等を確認することになるでしょう。時間の制約の中で，どこまで「掘り下げる」べきかは，第6章を参照してください。

## Column 4　条文に親しむ方法

### 1　条文に親しむことの重要性

　弁護士及び法務パーソンが行うのは，広い意味での法解釈（いわゆるソフトローや，場合によっては社内規程も含むこともあるでしょう。）を通じた目の前の事案に対する適切な対応です。そのような対応は，法解釈と適用によって行われるところ，法解釈の起点となるのは，そうした法律等の個々の条文です。そこで，条文の重要性はいくら強調しても，強調しすぎることはありません。そのため，日頃から条文に親しむことが重要です。

　例えば，同性パートナーの権利に関する案件を受けた場合，「同性パートナーも異性パートナーと同様に取り扱うべきか」という遠大な議論をするのではなく，事案ごとに問題となっている具体的条文について，その法令全体の仕組みや制度の趣旨から，そのあるべき解釈を検討すべきです。

　もし，その事案において問題となっているのが，犯罪被害者等給付金の支給等による犯罪被害者等の支援に関する法律に基づく遺族給付金の支給であれば，具体的に問題となる条項が何かをまずは調査すべきです。そのような観点で調べることで，例えば，遺族給付金の支給を受けることができる遺族の範囲について定める同法5条1項1号の「犯罪被害者の配偶者（婚姻の届出をしていないが，事実上婚姻関係と同様の事情にあつた者を含む。）」，とりわけ「事実上婚姻関係と同様の事情にあつた者」の解釈及びそのあてはめ（具体的事情において解釈された当該条項に該当するか）の検討こそが行うべき営為であることが判明するでしょう。

　この点について，最三小判令和6年3月26日（事件番号：令4（行ツ）318号）は，同性パートナーにつき同号の「事実上婚姻関係と同様の事情にあつた者」該当性を肯定しています。その際に，最高裁が，「犯罪被害者との関係や共同生活の実態等に鑑み，事実上婚姻関係と同様の事情にあったといえる場合には，犯罪被害者の死亡により，民法上の配偶者と同様に精神的，経済的打撃を受けることが想定され，その早期の軽減等を図る必要性が高いと考えられる」という同号の趣旨を踏まえ，「そうした打撃を受け，その軽減等を図る必要性が高いと考えられる場合があることは，犯罪被害者と共同生活を営んでいた者が，犯罪被害者と異性であるか同性であるかによって直ちに異なるものとはいえない」と判示していることは，上述した，個別条文の趣旨に基づき，個別条文の文

言の解釈を導き出すというスタンスに親和的であると理解されます。

## 2　六法・法令集

　多くの弁護士・法務パーソンには，それぞれの場面（例えば，机の上に置くのか，出先へ持ち出すのか，どのような法令が問題となる業務を行うのか）等に応じて，自分はこの場面ではこの六法・法令集を使うという「お気に入り」のものがあるかもしれません。具体的には，「六法全書」，「模範六法」，「判例六法」，「有斐閣判例六法Professional」，「ポケット六法」，「デイリー六法」，「『会社法』法令集」等，様々なものが挙げられるでしょう。

　そして，どれを選ぶかという点だけではなく，例えば書込みをするとか，付箋をつけるとか，それぞれが工夫をしており，その結果として，自分がよく引く条文にすぐにたどり着けるようにしていることでしょう。

## 3　オンライン上での条文閲覧

　(1)　はじめに

　伝統的には六法・法令集等を使って紙ベースで条文を閲覧することが多かったといえます。しかし，最近では，オンライン上で条文を閲覧することも増えてきました。

　(2)　e-Gov法令検索

　まずは，政府の公式の法令検索であるe-Gov法令検索です。政令・規則レベルを含めると約1万本の法令が一箇所から検索できます。掲載される法令の数が圧倒的に多いことから，六法には掲載のない（又は抄録になっている）マイナー法令を調べたいという場合には，大変有用です。

　収録されているほとんどの法令が最新情報を反映しています。今後の施行予定についても左上の「施行日」欄で選択することで，将来施行の改正を織り込んだ条文を閲覧することができます。

　ただし，即公布・即施行の新法や法改正が，施行時点で反映されていない可能性はあります。そこで，ある意味では「参考」であって，慎重に利用すべきことには留意が必要です。また，インターネットにつながらないとか，メンテナンス中である等，諸般の事情でアクセスできなくなる場合があることにも留意が必要です（メンテナンス中である等でアクセスできない場合の代替案として，法令を英訳するJapanese Law Translationの日本語の法令の記載を参照せざるを得ない場合もありますが，Japanese Law Translationは最新改正への更新が追いついていないことがあることから，その条文が本当に最新かを確認せずにそのまま利用すべきではありません。）。さらに，e-Gov法令検索はあくまでも行政の手による法令集であり，憲法・法律・政令・内閣府

令等は掲載していますが，最高裁規則（例えば民事訴訟規則，刑事訴訟規則）や議院規則は掲載していません。

⑶　e-Gov HIGH

オリガ・ベロスルドヴァ弁護士が提供するGoogle Chromeの拡張機能で，e-Gov法令検索を効率化するものです。

上記のとおり，e-Gov法令検索は一定以上の利便性があるものの，同時に悩ましい点があり，表示される各法令のうち，長文のものは，該当箇所までスクロールするのが大変で，左のサイドバーからのスクロールするにも時間がかかります。また，冒頭の目次で，１つの章や節が数十条とかある場合には該当する章や節に飛んでから，お目当ての条文に至るまで時間がかかります。

そのような悩みを解決するのがこの拡張機能です。その仕組みは極めて単純で，右上にあるボックスに数字を入れると当該条文まで自動的にスクロールされるというものです。枝番号となっている条文にも，例えば179条の２なら「179_2」のように半角アンダーバーを入力することで飛ぶことができます。

なお，同種のサービスが他にもありますが，筆者（ronnor）が利用した限り，Google Chromeにおける利用に限られる点を除けば，e-Gov HIGHが最も優れていると考えます。

⑷　e-Gov AmiAmi

なお，同じくオリガ弁護士が提供する別のGoogle Chromeの拡張機能として，カッコが複数ついているような複雑な条文のカッコ内を網掛けすることで，重要な部分がどこか把握しやすくすることができるe-Gov AmiAmiもあり，これが便利だという人もいます（筆者（ronnor）は既にカッコは飛ばして読む癖がついていますが，特にそのような癖がついていない人には有用でしょう。）。

⑸　紙の六法・法令集等を参照する意義について

以上のようなe-Gov法令検索とそれをサポートする様々なツールを利用することで，「法令はインターネット上で条文を参照すれば十分事足りる」と考える方もいるかもしれません。

筆者らは，一定以上の水準にある弁護士・法務パーソン，つまりプロフェッショナルであれば，「法令はインターネット上で条文を参照すれば十分事足りる」という考えがあり得るとは考えています。しかし，学生や若手弁護士・若手法務パーソン等，これからプロフェッショナルになることを試みる人はまずは紙の六法を利用すべきだと考えます。

　確かに，インターネット上での条文参照と紙の六法を比較すると，インターネット上の条文閲覧を用いた場合，（上記の e -Gov HIGH等の機能を併用する前提で）お目当ての条文にすぐに到達できるという特徴があります。もちろん紙の六法でも，プロフェッショナルであれば付箋等を利用してお目当ての条文にすぐに到達できるのでしょうが，少なくとも学習中の人がお目当ての条文に迅速に到達したければ，インターネット上での条文参照が圧倒的に有利です。

　このように考えると，一見インターネット上で条文を参照することが有用なように見えますが，逆にいうと，「お目当ての条文とすべきものが何か」が分かっていなければ，その前後にあるより重要な条文を見落とす可能性があるということを意味します。

　例えば，当事者が認識が誤って意思表示をしているから錯誤が該当すると考えて民法95条を参照したものの，実際には，相手の詐欺によって誤った認識で意思表示をしたから民法96条が適切な条文だったといったケースは，特に初学者にはよくあります。だからこそ，学習中の人であれば，勉強のために周囲の条文を簡単に見回すことができる紙の六法は大変有用なのです（同様のことを述べている東京大学白石忠志教授のnote（https://note.com/tadashisan/n/n98977b31d032）も参考になります。）。

## 第5章　書籍の探し方

### §41　本書でいう「書籍」とは何か

**キーワード**【コンメンタール】【商業出版】【電子書籍】
【逐条解説】【論文集】【基準時】

**Q**

　　書籍がリーガルリサーチの展開において最も優先すべき参照対象とのことですが，ここでいう「書籍」とは何を指しますか。

**A** ••••••••••••••••••••••••••••••••••••••••••••••••••••••••••••••••

　　基本的にはISBNがついている商業出版物を指します。また，出版社の刊行する電子書籍や，政府や官公庁ホームページ上の逐条解説を含みます。

**解　説**

#### 1　書籍に第一参照対象の地位を与える理由

　「あたり」をつけた後において最も優先すべき参照対象は書籍です（→§35）。なぜ書籍に優越性があるかといえば，そこに「答え」がそのまま書かれている可能性が一番高いからです。例えば，コンメンタールの「判例・通説・実務は，○○という解釈で一致している」という記載は，「答え」の可能性が高いといえます（→§36．§40）。

　また，仮にそこに「答え」がないとしても，書籍の記載を基礎として，（裁）判例や論文へと展開することができます（→§37．§38）。

#### 2　いわゆる「商業出版」が「書籍」であること

　ここで，書籍というのは出版社が商業出版として刊行するものを指すことになります。もちろん「私家版」や「同人誌」のような形で重要な資料が刊行されることも稀にはありますが，そう多くはないためです（なお，法律出版社が，著者から出版費用をもらって刊行する自費出版サービスを利用した書籍の扱いは微妙ですが，良い本（ただし研究書が多い）が出版助成を原資に刊行されることも多く，そのため，ひとまず出版社により出版され，一般流通のためのISBNがついている本であれば，本書でいう「書籍」に含むこととします。）。

　書籍の内容は様々です。コンメンタール（→§36），教科書，実務書等が参照に値する場合が多く，研究書は論文（→第7章）に類似するでしょう。入門書は，リーガルリサーチそのものというよりはその前提知識の補充のために用いられることが多いのですが，「入門」や「基礎」というタイト

## 41

ルでありながら教科書や実務書として十分な内容を含むものがある（例え
ば前田庸『会社法入門　第13版』（有斐閣，2018年），岡慎一＝神山啓史『刑事弁護の基
礎知識　第2版』（有斐閣，2018年）などを参照）ことには留意が必要です。書
式・ひな形本や先例集等も書籍に含まれます。六法や条文集については
§32を参照してください。

　書籍の形式では，ハードカバー又はソフトカバーのものをリーガルリ
サーチの対象とすることが多いです。文庫や新書は入門にはよいかもしれ
ませんが，リーガルリサーチそのものの対象というよりはその前提知識の
補充のために用いることが多いでしょう。いわゆる加除式書籍も最新化が
継続している限り，リーガルリサーチの対象となります。論文集は下記5
を参照してください。

### 3　電子書籍

　法律書サブスク（→§43）はスペースを取らず大量の法律書を検索・閲
覧できる点で，リーガルリサーチの際に大変有用です。このような電子的
に提供されるものであっても，紙の本と内容が同じ（正確には，電子書籍は
電子書籍の刊行段階で判明している誤りを修正していることがあり，「ほぼ同じ」であ
るというべきでしょう。）ならば，ここでいう「書籍」に含むことで差し支え
ないでしょう。

　なお，最近では，電子書籍のみが刊行されることもあります。例えば，
『第2版　ストーリーとQ＆Aで学ぶ改正個人情報保護法』（日本加除出版，
2022年）が挙げられます。このようなものも，法律出版社が出版していれ
ば「書籍」に含めてよいでしょう。

　とはいえ，いわゆるKindleダイレクト・パブリッシングのようなものは，
内容が玉石混交であり，正直なところ，こと法律関係のリーガルリサーチ
に利用できるレベルかという観点で評価すると「石」の割合が非常に高い
ので，本書では書籍に含めません。

### 4　政府・官公庁ホームページ上の逐条解説

　なお，上記の定義を前提とすると，インターネット上にアップロードさ
れている法律解説PDF（法律事務所の事務所ニュースレター等）は本書でいう
「書籍」には該当しないことになります。これについては§72で論じます。

　ただし，例外として，政府や官公庁ホームページ上の逐条解説を挙げる
ことができるでしょう。全ての法律ではありませんが，一部の法律につい
て，公式の逐条解説が政府・官公庁のホームページ上に掲載されています。
これを知っていれば，コンメンタールが存在する場合と同様に，すぐに
「答え」にたどり着くことができる場合があるのです。

例えば，以下のようなものがあります。

| 法令 | 版 | URL |
|---|---|---|
| 不正競争防止法 | 令和元年7月1日施行版 | https://www.meti.go.jp/policy/economy/chizai/chiteki/pdf/20190701Chikujyou.pdf |
| 消費者契約法 | 令和5年9月 | https://www.caa.go.jp/policies/policy/consumer_system/consumer_contract_act/annotations/ |
| 製造物責任法 | 平成30年9月 | https://www.caa.go.jp/policies/policy/consumer_safety/other/product_liability_act_annotations/ |
| 特定商取引に関する法律 | 令和5年6月1日時点版 | https://www.no-trouble.caa.go.jp/law/r4.html |
| 電子消費者契約及び電子承諾通知に関する民法の特例に関する法律<br>※現法令名：電子消費者契約に関する民法の特例に関する法律（平成29年法律第45号により題名改正） | 平成13年12月 | https://www.meti.go.jp/policy/it_policy/ec/e11225bj.pdf |
| 化学物質の審査及び製造等の規制に関する法律 | 平成29年改正版 | https://www.meti.go.jp/policy/chemical_management/kasinhou/files/about/laws/laws_exposition.pdf |
| 電気用品安全法 | 令和2年法律第49号による改正まで反映 | https://www.meti.go.jp/policy/consumer/seian/denan/hourei/act/tikuzyoukaisetsu.pdf |
| 工業所有権法（産業財産権法） | 第22版（令和4年10月） | https://www.jpo.go.jp/system/laws/rule/kaisetu/kogyoshoyu/chikujokaisetsu22.html |
| 労働安全衛生法 | 令和3（2021）年度 | https://mhlw-grants.niph.go.jp/project/158893 |
| 男女共同参画社会基本法 | 平成11年法律第160号による改正まで反映 | https://www.gender.go.jp/about_danjo/law/kihon/index_02.html |
| 投資事業有限責任組合契約に関する法律 | 平成17年6月1日改訂 | https://www.meti.go.jp/policy/economy/keiei_innovation/sangyokinyu/pdf/konmen.pdf |

| 法令 | 版 | URL |
|---|---|---|
| 温泉法 | 平成27年 6 月 | https://www.env.go.jp/nature/onsen/docs/chikujyo.pdf |
| 高圧ガス保安法 | 平成27年法律第50号による改正まで反映 | https://www.meti.go.jp/policy/safety_security/industrial_safety/sangyo/hipregas/files/20220328chikujo1_hou_rei.pdf |
| 鉱山保安法 | 平成23年法律第84号による改正まで反映 | https://www.safety-chugoku.meti.go.jp/kouzanhoan/reference/doc/kaisetsu1.pdf |
| 中小企業の新たな事業活動の促進に関する法律<br>※現法令名：中小企業等経営強化法（平成27年法律第50号により題名改正） | 平成18年 7 月 4 日 | https://www.chusho.meti.go.jp/keiei/shinpou/chikujou_kaisetu/index.htm |
| 電気工事業の業務の適正化に関する法律 | 令和 5 年11月版 | https://www.meti.go.jp/policy/safety_security/industrial_safety/law/files/koujigyouhouchikujyou.pdf |
| 構造改革特別区域法 | 平成24年11月 1 日 | https://www.chisou.go.jp/tiiki/kouzou2/sankou/hou051006/index.html |
| 特定家庭用機器再商品化法 | 平成22年法律第34号による改正まで反映 | https://www.meti.go.jp/policy/it_policy/kaden_recycle/case2/pdf/e10907cj.pdf |
| 中小企業のものづくり基盤技術の高度化に関する法律<br>※令和 2 年法律第58号により廃止 | 平成18年10月 4 日 | https://www.chusho.meti.go.jp/keiei/sapoin/chikujou_kaisetu/index.htm |
| 電気工事士法 | 令和 5 年11月版 | https://www.meti.go.jp/policy/safety_security/industrial_safety/law/files/koujisichikujyou.pdf |
| 特定秘密の保護に関する法律 | 平成26年12月 9 日 | https://www.cas.go.jp/jp/tokuteihimitsu/pdf/bessi_kaisetsu.pdf |
| 特定物質の規制等によるオゾン層の保護に関する法律 | 平成30年改正版 | https://www.meti.go.jp/policy/chemical_management/ozone/2019kaisetsu_law_ozone.pdf |
| 石綿による健康被害の救済に関する法律 | 平成18年 6 月 | https://www.env.go.jp/air/asbestos/law_chikujo/full.pdf |

　最新改正が反映されていないものもあるため，それぞれ最新の改正を踏まえたものか（反映されていない改正がないか）は，常に確認が必要です。最新の条文に対する解釈であれば有用性が高いです。

　古いものは，国立国会図書館インターネット資料収集保存事業（WARP）や国立国会図書館（National Diet Library, NDL）にあります。例えば，産業競争力強化法（https://warp.ndl.go.jp/info:ndljp/pid/11684890/www.meti.go.jp/policy/jigyou_saisei/kyousouryoku_kyouka/kommentar/other/book_skk.pdf）や公益通報者保護法（https://dl.ndl.go.jp/pid/1167192/1/1）等です。

　なお，下請取引適正化推進講習会テキスト（https://www.jftc.go.jp/event/kousyukai/R5tekisuto.pdf（令和5年11月版））も本書でいう「書籍」に該当します。毎年11月に改訂されるので，冒頭の日付を見て最新であることを確認して利用しましょう。

## 5　論文集の位置づけ

　政府ホームページの逐条解説が「書籍」の拡張類型なら，縮減類型は論文集（古稀記念論集，退職記念論集等の記念論文集，自分の論文を集めたもの等）です。もちろん，学問的にすばらしい論文集もありますが，優先順位は論文（→第7章参照）と同様です。

## 6　基準時について

　書籍の奥付にある出版年月日からいつ頃までの情報をまとめたものか（いわゆる「基準時」）がおおむね明らかになります。コンメンタールは確かに優れていますが，古いコンメンタールだと刊行後の新判例出現や判例変更等を踏まえていないものもあります。そのため，その書籍の基準時を踏まえて検討しましょう。なお，気をつけるべきは，復刊版について奥付に復刊時の年月日が書かれていることがあり実際のその書籍の情報は，奥付の日時よりもかなり古いことがあることです。また，電子書籍も，電子化まで数年のタイムラグがある場合に，書籍の基準時と電子書籍出版時期が異なる場合があることに留意が必要です。さらに，共著の場合には共著リスクとして，ある著者は締切りに間に合わせて原稿を出したものの，その数年後にならないと他の共著者のパートが集まらず，結果当初の締切りまでに提出された原稿の内容が古いものになるということがあります。

## §42　書籍の探し方

**キーワード**【法律書サブスク】【法律書横断中身検索サービス】

**Q**

　条文が分かりましたが，そこからどの書籍を読めばよいかがさっぱり

分かりません。書籍の探し方を教えてください。

 •••••••••••••••••••••••••••••••••••••••••••••••

　　法律書サブスク，法律書横断中身検索サービス，書店，図書館等を利用します。

**解　説**

**1　伝統的な書籍の探し方と課題**

　伝統的には，リーガルリサーチにいつも使う，いわゆる「一軍」の本をデスク等に置いておいて，それで足りない場合には新たに買い足したり，図書室・図書館等を利用したりして，書籍によるリーガルリサーチを進めていたのではないでしょうか。

　しかし，この方法だと，本の収納スペースや購入費用の問題がありました。また，「一軍」にはない本を探す方法として，書籍のタイトルで検索をすることはできても，キーワードがタイトルと異なると検索から外れてしまうので，実際には「答え」がある書籍が存在するにもかかわらず，それを見つけることができないということもありました。このように，伝統的な書籍の探し方には課題がありました。

**2　新たな時代の書籍の検索方法**

　筆者（ronnor）に関して言えば，2024年 4 月現在においても，依然として書店（→§45, §48），図書館（→§46, §47）等も利用しますが，法律書サブスク（→§43）や，法律書横断中身検索サービス（→§44）を導入したことで，スペースと検索精度といった課題がある程度緩和されました。

　詳細はそれぞれの項目を参照していただきたいですが，法律書サブスクに加入すれば，1000冊以上の本をキーワード検索することで「答え」を探し，希望するページを自由自在に閲覧することができ，また，収納場所の問題も生じません。法律書横断中身検索サービスは検索機能に特化していますが，その代わりに検索対象は法律書サブスクよりも格段に広がります。

**§43　法律書サブスクの活用方法**

**キーワード**【法律書サブスク】

**Q**

　新たな時代の書籍の検索方法として，法律書サブスクを使ってリーガルリサーチを行うべきということですが，どのように利用すべきかを教えてください。

**A** •••••••••••••••••••••••••••••••••••••••••••••••

コンメンタールや定評のある基本書に当該「問い」への「回答」がな

いかを法律書サブスクで探すべきです。それが見当たらない場合に，法律書サブスクでキーワード検索を行い，当該キーワードに関連する書籍とそのページを調べましょう。

**解　説**

## 1　はじめに

多少比喩的に述べると，法律書サブスクはリーガルリサーチの利便性に革命をもたらしました。これまでであれば，Kindleで法律書を1000冊購入する等の相当な費用をかけなければ実現しなかった，大量の法律書の中身を横断的にキーワードで検索し，キーワードの含まれるページに一発で飛んで閲覧することができるという機能が備わっており，非常に便利です。加えて，紙の本では収納場所の問題がありますが，収納場所が不要というのもメリットです。そこで，筆者（ronnor）は書籍を使ったリサーチにおいては，まず法律書サブスクを使うこととしています。

## 2　法律書サブスクの利用法

法律書サブスクを利用してリーガルリサーチをする場合，「あたり」がついている，つまり，既にどの法律のどの条文が問題となっているかが判明している限りにおいて，その法律書サブスクが当該分野のコンメンタールや定評のある基本書を収録していれば，まずはこれらの内容をピンポイントで確認することが望ましいといえます。例えば，「あたり」をつけた結果（→第3章），民法の特定の条文が問題となっていることが分かり，法律書サブスクに『新版注釈民法』が収録されているということであれば，『新版注釈民法』の当該条文の箇所を調べると「答え」がある可能性が高いといえます（→§36参照）。

ただし，このような場合は，単に「場所を取らない」ことだけがメリットであり，場所を取るというデメリットさえ甘受すればそのような書籍を紙で手元に置いて調べればよいでしょうから，法律書サブスクが圧倒的に便利とまではいえません。

法律書サブスクの真骨頂は，条文からコンメンタールや定評のある基本書を使って調査をすることができない場合に発揮されます。そのような場合に，串刺しで大量の法律書の中身をキーワードで検索し，キーワードの含まれるページに一発で飛んで閲覧することができます。結果として，リサーチのスピードがかなり上がることを実感することができるでしょう。

## 3　各社のサービスが便利な場面

以下，主要3社について，各社のサービスが便利な場面を挙げましょう。

（1）　LEGAL LIBRARYが便利な場面

　LEGAL LIBRARYが便利な場面としては，一部の書籍（例えば石井夏生利ほか編著『個人情報保護法コンメンタール』（勁草書房），田中亘『会社法』（東京大学出版会），我妻榮『民法講義』（岩波書店））が法律書サブスクの中ではLEGAL LIBRARYでしか閲覧できないことから，そのような書籍を法律書サブスクで閲覧したい場合には便利です。

　(2)　BUSINESS LAWYERS LIBRARYが便利な場面

　厳密な意味の法律書ではない，ビジネス書系については，法律書サブスクの中ではBUSINESS LAWYERS LIBRARYが相対的に強いので，そのような書籍を法律書サブスクで閲覧したい場合には便利です。

　(3)　Legalscapeが便利な場面

　法律系出版社のうち，商事法務の書籍については，法律書サブスクにおいて現時点（2024年4月）ではLegalscapeでしか閲覧できないことから，そのような書籍を法律書サブスクで閲覧したい場合には便利です。

**4　法律書サブスク「だけ」ではリーガルリサーチが終わらないこと**

　ただし，法律書サブスク「だけ」ではリーガルリサーチが終わりません。つまり，法律書サブスクには各社1000冊以上をデータベースに収録しており，個人の蔵書としてはなかなかの冊数ですが，それでも網羅的にリサーチをする上では，法律書サブスクに収録されていない本こそを調べたいという状況が頻繁に発生すること，新しいものが少ないこと（収録までに1年程度のタイムラグがあることが多く，田中亘『会社法』，中山『著作権法』のように旧版しか収録されていない場合もあります。）等の特徴があるため，それだけでは実務上の「合理的注意を尽くす」（→§9）には足りないのです（ただし，最近は実務雑誌を収録することで，新しい事項は弁護士等の執筆する実務雑誌の記事を読んで補うことができるようにしている法律書サブスクサービスも増えています。）。そこで，上記のように，コンメンタールで「答え」が見つかる場合以外は，法律書サブスク以外も利用してリサーチをする必要があることに留意が必要です。

### §44　法律書横断中身検索サービスの活用方法

**キーワード** 【法律書横断中身検索サービス】

Ｑ ＝＝＝＝＝＝＝＝＝＝＝＝＝＝＝＝＝＝＝＝＝＝＝＝＝＝＝

　　§27で「あたり」をつけるのに，法律書横断中身検索サービスを使うということは分かりましたが，（「あたり」をつけた後の）書籍を利用した展開においては法律書横断中身検索サービスをどのように利用すればよいですか。

**A** ●●●●●●●●●●●●●●●●●●●●●●●●●●●●●●●●●●●●●●●●●●●●●●●●

　法律書横断中身検索サービスを利用し，条文から特定した「キーワード」で検索することで，「どの本のどのページに答えがある（可能性が高い）か」が判明します。

**解　説**

## 1　法律書サブスクのキーワード検索と異なり，当該キーワードを含む書籍そのものを閲覧できるわけではないこと

　既に§27で法律書横断中身検索サービスについて紹介しました。法律書横断中身検索サービス（のキーワード検索）は，法律書サブスクのキーワード検索と異なり，当該キーワードを含む書籍そのものを閲覧できるわけではないことに留意が必要です。すなわち，「あたり」をつける場合において法律書横断中身検索サービスの優先順位が落ちる場合が多く，（「あたり」をつけた後の）書籍を利用した展開においても法律書横断中身検索サービス単独では書籍を閲覧できません。そこで，法律書サブスクを優先的に利用すべきと考えます。

　もっとも，法律書横断中身検索サービスでは，検索結果として法律書サブスクよりもはるかに多い数の書籍が出てきます。特に，刊行後約1年以内の最新の書籍が多数掲載されていることが法律書横断中身検索サービスの特徴といえます。

## 2　法律書サブスクとの使い分け

　このような相違点を踏まえると，まずは法律書サブスクを使って調べた上で，合理的注意を尽くした（→§9）として「答え」に達したのであればそれで終わり（特に法律書横断中身検索サービスは使わない）ということでもよいと考えます。

　ただし，§43で述べたとおり，法律書サブスクの収録書籍だけで十分かというと疑問があります。だからこそ，特に一定以上の水準の調査をすべき場合や，調べても多くの資料が出てこない場合には，予算や時間等の制約はあるでしょうが，法律書横断中身検索サービスを利用して，法律書サブスクに収録されていない書籍も含め，書籍の中身を検索することを検討すべきです。

## 3　検索で「答え」が書いていそうな書籍を発見した後の対応

　法律書横断中身検索サービスの表示するスニペットにより，この本のこのページに答えがある「らしい」ことが分かります。しかし，それだけでは答えそのものは分からないため，実際にその書籍の内容を確認する必要があります。

上記2で述べた,「まずは法律書サブスクを利用し,不足を法律書横断中身検索サービスで補う」というリーガルリサーチの方法であれば,発見された書籍が手元にないことも多いでしょう。その状態で不都合があれば,自分で新刊本又は古本を買うという方向性と,借りるという方向性があります。

なお,法律書横断中身検索サービスで発見された書籍がKindle等で電子書籍化されているものであれば,当該電子書籍を購入することで,すぐに求めていたページにたどり着くので,お金はかかりますが,法律書サブスクに欲しい本が入っている場合と類似した利便性が実現します。

## §45　新刊法律書の入手方法

**キーワード**　【リアル書店】【オンライン書店】【紙の書籍】【電子書籍】

**Q**

調査の結果,特定の新刊法律書に「答え」が書かれていそうだということが分かりました。どうやって購入しますか。

**A** ・・・・・・・・・・・・・・・・・・・・・・・・・・・・・・・・・・・・・・・・・・・・・・・・・・・

リアル書店,オンライン書店から,紙の書籍,電子書籍等を購入することになります。

**解　説**

### 1　リアル新刊書店（一般書店,専門書店）

まずは,丸善書店,ジュンク堂書店,紀伊國屋書店等,多くの本をそろえている一般書店が候補として挙げられます。丸善丸の内本店,ジュンク堂書店池袋本店,紀伊國屋書店新宿本店の品ぞろえは専門書店にも引けを取りません。最近ではネット上で在庫を確かめてから,当日買いに行くこと等もできるので利便性は上がっています。

専門書店としては,大きな裁判所や弁護士会館の地下にある書店は一般に法律実務書の品揃えが充実していることが多いと言えます。他方,水道橋にある丸沼書店が法律書の品ぞろえでは全国トップレベルであり,古本（→§48）も置いてあります。また新品であっても一部割引等の特典があることや,レジの後ろのホワイトボードで新刊の情報を紹介していることで有名です。もちろん,弁護士会館ブックセンターや地裁・高裁の地下に出店している書店も,（配送に一定の時間がかかりますが）ネットで取り寄せ可能かつ後払い可能ですので弁護士にとっては有用です。

## 2　オンライン書店

　オンライン書店は配送してもらえるので，重い本を持ち歩かなくてよいこと等のメリットがあります。また，オンライン書店側に購買履歴が残り，同じ本を重複して買うことを回避できること等のメリットがあり，利用者は増えています。

## 3　電子書籍単品購入

　Kindle等の電子書籍は，場所を取らず，重複購入を避けることができ，本を探す必要がないといったメリットがあります。ただ，電子書籍サイトの閉鎖等により，電子書籍が読めなくなる可能性があります。また，稀ではありますが，データが消されること（倒産の場合でなければ何らかの形で返金はされることが多いようです。）等に対し警戒感を持つ人もいます。筆者（ronnor）は，§44のとおり，「法律書横断中身検索サービス→電子書籍単品購入」という方法を積極活用しています。

## §46　国立国会図書館の使い方

**キーワード**　【国立国会図書館】【遠隔複写サービス】
　　　　　　　【オンライン送信】

**Q**

　国立国会図書館が原則として全ての書籍を所蔵していると聞きました。リーガルリサーチにおいてどのように利用することができますか。

**A**

　伝統的には書籍情報データベースとしてNDL-OPACを利用するという方法がありましたが，遠隔複写サービスが開始されたことによって時間をかけてよいリーガルリサーチでは便利になりました。そしてデジタルコレクションのデジタル化資料送信サービスは，今後は2000年以前の絶版書籍にまで広がる予定で，将来有望です。

**解　説**

## 1　はじめに

　国立国会図書館（National Diet Library, NDL）は，確かに原則として全ての書籍を所蔵していますので，そこから様々な法律書を含む書籍を借りることができます。しかし，同館はいわゆる「閉架」の図書館で，基本的には本はコンピュータで貸出手続をしないと借りることができません。また，地方の人にとってはそもそも遠いので東京本館（または関西館）まで出てこられないということもあるでしょう。このような理由で国立国会図書館を業務上のリーガルリサーチに頻繁に利用する人はそこまで多くないかも

しれませんが，賢く利用すれば国立国家図書館はリーガルリサーチを効率的に行う上で活用しがいがあります。

## 2　NDL-OPAC

OPACというのはオンライン上で所蔵資料を検索するためのシステムです。NDL-OPACは国立国会図書館の所蔵資料の検索ができる所蔵資料検索システムです。確かに所蔵されていない書籍があるものの，日本一の所蔵数を誇りますので，これで検索することで，少なくともタイトルにそのキーワードを含む書籍であればかなり網羅的に検索できます。そこで，実際に借りない場合でも，書籍情報データベースとして利用することができます。ただし，一部は目次検索もできますが，全文検索は限られています。そこに法律書サブスクや法律書横断中身検索サービスの優位性があります。よって，単に書籍情報データベースとして利用するだけであれば，少なくとも2024年時点では，NDL-OPACをどうしても利用したいという場面はあまりないといえます。

## 3　遠隔複写サービス

上記のとおり国立国会図書館は，閉架図書館ですからNDL-OPACで検索した後に自ら国立国会図書館に行って受け取ってコピーするというのが面倒でした。しかし，利用者登録が必要で，複写物が届くまでに一定程度の日数がかかりますが，遠隔複写サービスの利用によってある程度この点の不満は解消します。

つまり，遠隔複写サービスを利用することで，指定した部分のコピーの郵送を受けられます。最近の書籍も対象となります。「今日知りたい，明日知りたい」というニーズには応えられない（国立国会図書館に行くしかない）ものの，少し時間がかかっても包括的に調べたいという場合には有益です。例えば，法律書横断中身検索サービスで特定の書籍の特定のページに「答え」が書かれている可能性が高いということを確認した上で，NDL-OPACを利用して，当該書籍を国立国会図書館が所蔵していることを確認し，遠隔複写サービスを利用して当該ページ（通常はその前後を含む）のコピーを郵送してもらうという流れで網羅的に資料を収集することができるようになり，利便性が向上しています。

## 4　国立国会図書館デジタルコレクション・デジタル化資料送信サービス

国立国会図書館デジタルコレクションは，パブリックドメインの書籍等に加え，著作権法によって認められた一定の絶版書籍についてインターネットでその全文の内容を表示できるサービスです。従来は，ほぼパブリックドメインの書籍だけが対象となっていたことから，非常に古い書籍

しか閲覧できませんでした。そこで，現行法に関する信頼できる記述がある書籍等がほとんど対象となっておらず，実務でのリーガルリサーチでの利用可能性が限定されていました。

　ところが，国立国会図書館デジタルコレクションに収録されていない資料についても，デジタル化資料送信サービスが開始されました。これによって将来ますますリーガルリサーチが便利になる可能性があります。元々国立国会図書館が各図書館のため，当該図書館に蔵書がない絶版書籍のデータをデジタル化して閲覧可能としていたのですが，その対象書籍の本文画像を利用者登録したユーザーにオンライン上で送信する（つまり，自分のパソコンからいつでもどこからでも閲覧できる）というサービスを開始しました。2023年1月18日からは閲覧だけではなく印刷も可能となり，利便性が向上しました。筆者（ronnor）も，特に出版社品切れの書籍を探す際に利用しています。まだ全ての絶版書籍ではなく，昭和年代に発行されたものが主となっていますが，2025年度までに2000年までの絶版書籍は，原則としてこのサービスの対象とする方向性が示されています（https://www.ndl.go.jp/jp/preservation/digitization/digitization_plan2021.pdf）。そのため，絶版書籍を古本屋でプレミア価格で購入するという場面が激減する可能性があります。

## §47　図書館の使い方

**キーワード**【図書館】

**Q**

　特定の法律書に「答え」が書かれていそうなので，その本を借りたいと思いますが，国立国会図書館以外ではどのような施設を利用すればよいでしょうか。

**A**

　事務所内・社内図書室，弁護士会・大学等の図書館，そして地域図書館横断検索ができるサイト「カーリル」を駆使しましょう。

**解説**

### 1　図書室（コーナー）

　事務所内・社内に図書室や図書コーナーがあることも多いでしょう。そこにある本はその事務所や会社の業務に即して重要とされている本なので，ある意味では「答え」が書いている可能性が高いといえます。ただ，在宅勤務の場合に利用しにくく，そのためコロナ禍で法律書サブスクの利用が広がりました。

## 2　図書館

　図書館としては，弁護士であれば所属単位会等に弁護士会の図書室・図書館がある場合はそこを活用することが考えられます。自分の出身大学が近くにある場合は大学図書館を使うことも検討してはどうでしょうか。これらの図書館のOPACで検索するのが王道です。なお，大学図書館で電子書籍を借りることができる場合もあります（丸善等が図書館向けにそのようなサービスを提供しています。）。

　なお，最高裁判所図書館や法務省の法務図書館も，電話による事前申込みをするなど，一定の条件の下で利用可能です。

## 3　地域図書館，カーリル

　地域の公立図書館等は「近い」というメリットはあるものの，法律書の品揃えは必ずしもよくありません。その場合，カーリルという地域図書館横断検索サイトを利用することで，例えば「隣の公立図書館ならお目当ての本がある」ということが分かります。

## §48　絶版書籍の入手方法

**キーワード**【古本】【絶版書籍】

**Q**
　リーガルリサーチのため手元に置きたい本が絶版です。どうすればよいでしょうか。

**A**
　古本屋，古本サイトを使いましょう。

**解説**

## 1　はじめに

　出版社の在庫も新刊書店の在庫もなくなった絶版書籍（なお，出版社の在庫が切れていても，書店の在庫を調べることで，一部の書店ではまだ入手可能であることが判明する場合があります。）をリーガルリサーチに利用したいということであれば，まずは図書館の利用（→§46，§47）を考えることになります。しかし，半永久的に手元に置きたいということであれば，図書館で借りるのでは不十分です。そこで，以下のとおり，古本屋（後述2），古本サイト（後述3）を使うことになります。

## 2　古本屋

　絶版となった法律書は，一般書を含む古本屋やブックオフ等に稀にあることもありますが，多くは法律専門古書店にあります。法律書の古本屋としては丸沼書店（在庫データベース：http://marunumashoten.com/）や伸松堂書

店（在庫データベース：http://www.ptyx.co.jp/shinsyodo-syoten/database/data2/）
等が挙げられるでしょう。なお，古書店が提供するオンライン上で検索可
能な在庫データベースは，最新の情報が反映されていない場合もあります
ので，例えば，在庫があるように表示されていても，直近で既に購入され
てしまっていて，単にデータベース上に反映されていない場合もあること
には留意が必要です。

## 3　古本サイト

インターネット古書店モールである「日本の古本屋」を利用することが
考えられます。全国約900店の古書店が出店しています。

オンライン書店でも古本を売っていることもありますが，日本の古本屋
での価格がオンライン書店の価格より圧倒的に安いこともあります。また，
スーパー源氏，オークションサイト，フリーマーケットサイト等を補充的
に利用することも考えられます。

## §49　その他の書籍に関するノウハウ

**キーワード**【芋づる式】【旧版】【奥付】

**Q**

その他実務でリーガルリサーチをするにあたって，書籍に関して知っ
ておくべきことはありますか。

**A**

芋づる式検索，旧版，奥付等です。

**解　説**

## 1　芋づる式検索

芋づる式検索（→§38）は，要するに，他の本が引用している本を参照
するということです。コンメンタールは多くの本を引用していますので，
コンメンタールの記載を起点に関連する書籍を参照する方法があり得ます。
ただし，法律書横断中身検索サービスを利用することで，芋づる式で参照
できるよりも多くの書籍を検索できる場合があります。その意味では，芋
づる式で他の書籍を参照する必要性は，近年はそこまで高くないといえる
でしょう。

なお，基本的には，書籍Aに「書籍BがXと言っている」とあれば，必
ず書籍Bを参照してそのとおりの記載があることを確認すべきであり，孫
引き（リーガルリサーチの文脈においては，書籍Bを確認せずに書籍Aの説明を鵜呑
みにして，書籍Bにそのように書いていることを前提としたリーガルリサーチを行うこ
と）は避けるべきです。ただ，実務上，時間がなくそこまでできないこと

（例えば，書籍Bは古本屋にも売っておらず，国会図書館の遠隔複写サービスだと期限に間に合わない等）もあります。学術的なリサーチでは，期限を動かすべき場合も多いでしょうが，実務上は，（合理的注意を尽くした（→§9）といえる限り）書籍Bを調べないという選択も全くないわけではありません。ただしその場合，リサーチの限界を示す意味で，リサーチメモ等においては必ず「書籍Bは時間の関係で直接参照することができていない」ことを明記しましょう。

## 2　旧版

実務におけるリーガルリサーチでは，最新の法律情報が必要なことが多いという観点から，法律書の旧版が不要であることもあります。ただ，旧民法下の契約が問題となっている等，「当時の法律に基づく議論が知りたい」といった場合に旧版が有効なこともあります。なお，旧版の著者の死後に弟子が書き継いだものが第2版等になっている場合は，最新の法律情報を反映しているというメリットはありますが，元の大家の学説と異なっている可能性があり，そのような点を確認するためにも旧版にこそ価値がある場合もあります。

## 3　奥付

本をコピーしたりPDFにして保存したりすることがありますが，その際には奥付を一緒にコピーしたりPDFにしましょう。それを怠ると，どのページがいつ刊行されたどの本のどの版のものであるか分からないという問題が生じ，元の書籍を探すのに多大な時間と労力がかかることになります。

## §50　書籍では答えが見つからない

**キーワード**【最新情報】

**Q**　リーガルリサーチのために書籍を探してみましたが，どうしても「答え」が見つかりません。どうすればよいでしょうか。

**A**　まだ書籍に記載のない新しい情報等である可能性があります。人に聞く，書籍以外の場所を探す等の方法があります。

**解　説**

## 1　人に聞く

まずは，書籍の調べ方や「答え」が書いている可能性のある書籍の候補を人に聞いて教えてもらいましょう。具体的には，上司・先輩や顧問弁護

士に聞く，図書館のレファレンスサービスを利用する等が考えられます。

## 2　書籍以外の場所を探す

　そもそも書籍に「答え」がなく，裁判例（→第6章），論文（→第7章）等
を探すべき場合もあります。また，書籍には，校正等がしっかり行われる
傾向にあるので，内容の信憑性が相対的に高いというメリットはあるもの
の，その校正等に時間を要するため，どうしても最新の情報を得るのに適
さないという側面もあります。そこで，調べたいのが最新の情報であれば，
まだどの書籍にも記載されていない可能性があるため，パブリックコメン
ト（→第8章）等を探すしかないかもしれません。

## Column 5　書籍のリサーチの例

### 1　書籍は「宝箱」

　書籍を利用したリサーチを行う場合，各法分野においてまず参照すべきとされる，既に定評を獲得済みの書籍が存在します。このような定評のある書籍が何かを知ることの重要性は既に述べたとおりです。

　そして，リサーチをする上で，書籍は（どの条文が問題となるかが分かっている場合，または問題となる条文が存在しないものの「問い」に対応する項目が記載されている場合に）最優先で参照すべきです。その結果，書籍のうち，とりわけ定評ある書籍は，多くのリーガルリサーチを行う者が最初に参照することになります。既に述べているとおり，リーガルリサーチの実施の際に合理的注意を尽くすという観点からすると，他人が同じようなリサーチを行うにあたって参照しているものを参照しないのは合理的注意を尽くしたとはいえないと判断される可能性が高いでしょう。そこで，他人がどのようなものを参照しているかというのを考えざるを得ないわけです。このような観点から，定評ある書籍を参照することは重要です。

　そして，書籍をリサーチに利用すべき理由は，単に「他の人も定評ある書籍を使って探しているから，それを利用しないと合理的注意を尽くしたことにならない」というような消極的なものだけではありません。書籍，とりわけ定評ある書籍の中には過去に同じような疑問を持って取り組んだ先人の調査・検討の結果が記載されていることがよくあります。だからこそ，リサーチの際において参照価値が高いのです。

　このような意味で，書籍はまさに「宝箱」であり，リーガルリサーチを行うに当たってはそのような「先人の肩の上に乗る」べきです。

### 2　使用人兼務取締役（従業員兼務取締役）の労働者性の例を通じた書籍によるリサーチの例

> 事例：弁護士のあなたは，依頼者のA社から，同社では取締役に昇進した場合に，労働者としては退職とした上で，委任契約を締結しているところ，この度，2年間の取締役の任期満了で退任した元平取締役兼事業部長のB氏から，「まだ定年に達していないので従業員に戻りたい」という要求があった。この2年の間に発生した出来事を踏まえ，従業員に戻したくないというのが社長の意向であるが，従業員に戻さなくても大丈夫か，という質問を受けました。

　**第2弾§42**を基にしたこのような事例を基に，書籍によるリサーチについて考えてみましょう。

　本件では，この元取締役B氏が，業務担当取締役なのか，使用人兼務取締役（従業員兼務取締役）なのかが問題となり得ます。つまり，B氏がこの2年間，「取締役」の地位を占めていたことには争いがなく，また，内部昇格の平取締役として事業部長を勤めていたことも争いがありません。ここで，この事業部長のポストというのが，取締役が特定の業務を担当していた（業務担当取締役）というだけであり，取締役就任以前に有していた労働者の地位は既に合意によって（又はB氏本人の退職届の提出により）失っていたといえるのであれば，会社とその元取締役B氏との間には委任契約だけしか存在せず，期限付きの委任契約の終期が来たので，任期満了で退任とするというだけであり，後はBから新規に雇用をしてほしいという労働契約の申込みがあったところ，会社が承諾していないだけと整理することができる可能性があります。とはいえ，この事業部長を兼任するということの意味が，実は労働者の身分も併有していることを意味し，従業員である事業部長が，取締役をも兼ねているという使用人兼務取締役（従業員兼務取締役）の状態であれば，取締役の地位を有していた2年間も引き続き従業員を兼ねているということになり，もし，取締役としての任期満了後に，B氏との雇用関係を解消するということになると，いわゆる解雇規制（労働契約法16条）の適用を受けることになります。

　このような使用人兼務取締役（従業員兼務取締役），特にどのような場合において従業員の地位を兼ねるとされるかに関する考慮事由について詳しく知りたいとすると，まずは定評のある書籍を探すべきでしょう。ただし，例えば，「この問題は会社法の問題だから会社法コンメンタール（これは会社法に関する定評ある書籍です。）を参照すればよい」と考えてしまうと，求める情報を上手く発見できない可能性があります。つまり，会社法コンメンタールでは，報酬に関する361条（8巻159頁以下）や，責任に関する423条（9巻233頁以下）等において，使用人兼務取締役が取り上げられ，それぞれの文脈において解説がされています。しかし，本書執筆にあたり，全巻を串刺しでキーワード検索（Legalscapeで可能です）して，出てきた全ての箇所を読み直しましたが，上記の事例における目の前の問題意識に即した記載（つまり，どのような場合において従業員の地位を兼ねるとされるかに関する考慮事由が何かについての記載）は存在しないようでした。

　そこで，法律書サブスク，例えば，LEGAL LIBRARYで「使用人兼務取締役」や「従業員兼務取締役」を調べることで，例えば，定評ある書籍である田中会社法（LEGAL LIBRARYに収録されているのは第3版，最新は第4版）266～267頁（第3版。第4版では274頁に相当）の取締役の報酬（会社法361条）の文脈における使用人兼務取締役に関する記載やこれもまた定評ある書籍である水町勇一郎『詳解労働法』（以下「水町」とします。LEGAL LIBRARYに収録されているのは第2版，最新は第3版）41～42頁（第2版。第3版では43頁に相当）の使用人兼務取締役に関する記載が見つかるかもしれません。そして，本件は取締役の報酬の問題ではないところ，水町においてはより本件の問題意識に即した記載がなされており，水町第2版41頁注36においては参考になる下級審裁判例を複数引いているものの，結局は「取締役」，「といった肩書き・契約形式ではなく」，「使用者の指揮監督の下で労働しその対償として賃金を支払われているという実態があるか否かを個別具体的に判断」するとして，ある程度抽象的な形でまとめています。確かに，水町を利用したリサーチ結果は，この問題を考える上での大枠を理解する上では大変有用ですが，実務上の下位規範（具体的な考慮要素）そのものが記載されているものではありません。

　そこで，次の段階として，法律書横断中身検索サービスを利用して調べることになります。「使用人兼務取締役」で検索すると約400件，「従業員兼務取締役」で検索すると約200件の検索結果がそれぞれ出てきます。このうち，「従業員兼務取締役」で調べた場合には，関連度が高いものとして，『Q&A兼務役員の法務と実務　企業集団における人材活用』（商事法務，2020年）が出てくる（2024年4月に調べたところ最上位）と思われますし，「従業員兼務取締役」と「考慮要素」でアンド検索をすれば，検索結果は10件にしぼられ，同書は最上位に出てきますので，このような形で同書にたどり着くことができるでしょう（なお，兼務役員にフォーカスした数少ない本として同書があると知っていればコンメンタール会社法に目の前の事案の問題意識に即した記載がないとわかった段階で同書を調べることもあり得ます。また，同書のような商事法務の書籍であればLegalscapeで直接読むことが可能である場合があります。）。

　その上で，『Q&A兼務役員の法務と実務　企業集団における人材活用』（商事法務，2020年）10～12頁等によれば，取締役への就任の際の退職手続き等の経緯，取締役としての業務執行権限・代表権の有無，報酬の性質及び額，その他の要素が考慮要素となることが分かります。同書のより具体的な記載を参考にしながら，A社の具体的な社内規程の内容

や今回の元取締役にまつわる具体的な事実関係に基づき，どこまで労働
者性を否定できそうかについて検討し，質問への回答を考えることにな
るでしょう。

# 第6章　(裁)判例の探し方

## §51　(裁)判例とは何か

キーワード 【最高裁判例】【下級審裁判例】【審判・審決】

**Q**

リーガルリサーチで（裁）判例を利用するということですが，具体的に（裁）判例とは何ですか。例えば，審判・審決等は含みますか。

**A**

各審級の全ての判決・決定等を含み，また，審判・審決等も含めています。

**解　説**

### 1　各審級の全ての判決・決定等を含むこと

ここで，「判例」ではなくあえて「（裁）判例」としているのは，最高裁判例に加え，実務上，下級審の判決等だからといってリーガルリサーチの対象から外すことはできないことを意味します。すなわち，高裁や場合によっては地裁の判断であっても，目の前の案件と近い事例については，そのような判断をした裁判所が存在するという事実自体が参考になる（そのような判断がなされるリスクの所在を示す）とか，それが実務運用を示すものとして現場で広く参照されるべきであるといった意味がある場合があり，そのようなものも含めて（裁）判例としてリーガルリサーチの対象とすべきです。とはいえ，最高裁判例とそれ以外には重要性において差があることは確かなので（→§40），「裁判例」ではなくあえてカッコをつけて「（裁）判例」としています。

なお，判例である場合でも，その後判例変更がある可能性があります。そこで，古い判例を見つけても，「その後に判例変更があるのではないか？」という観点から確認することが必要です。

### 2　公刊物掲載（裁）判例と，データベース独自収録（裁）判例の相違

ここで，公刊物掲載（裁）判例と，各判例データベースが独自に収録している（裁）判例の相違に留意すべきです。つまり，民集や刑集等の公式判例集に登載される場合はもちろん，判例時報や判例タイムズ等の判例雑誌に掲載される場合も，掲載をするかどうかの判断の過程で一定のスクリーニングがされます。そのため，そのスクリーニングをクリアしている以上はある程度重要な可能性があります。ただし，逆にいえば，スクリー

ニングに漏れた重要な判決が存在する可能性があります。例えば，マイナー論点のリサーチに必要な，「そのマイナー論点を正面から取り扱っている判決」等は，判例雑誌の掲載基準からは不掲載とされる可能性は高いものの，リーガルリサーチにおける有用性が高い可能性があります。そのような（裁）判例は各判例データベースに独自に収録されていることがありますので，これは一定程度有用です（将来的には全ての判決がデータベース収録可能となる予定であり，この状況は変化する可能性が高いです。）。

## 3　審判審決等を含むこと

本書で（裁）判例という場合，実務上参照すべきものである限り，いわゆる特許庁の審判（https://www.j-platpat.inpit.go.jp/?uri=/a0100），公正取引委員会の審判等（https://snk.jftc.go.jp/DC001），個人情報保護・情報公開に関する答申（https://koukai-hogo-db.soumu.go.jp）等も含みます。

## 4　判決書の原本・事件記録は参照の対象ではないこと

なお，（裁）判例を調べ，評釈論文を書く場合は裁判所で判決書の原本を閲覧し，同時に事件記録も閲覧するということまで必要なことがあると思われますが，本書の考察の対象とするリーガルリサーチではそこまで必要なことは少なく，実施する時間もないことが通常と考えられます。そのため，本書の対象とするリーガルリサーチにおいては，まず公刊物や判例データベースに掲載される範囲で（裁）判例を調べることが必要であると理解してください。

## §52　判例とは何か

**キーワード**【最高裁判例】

最高裁の判決・決定なら全て「判例」と理解してよいですか。

**A** ‥‥‥‥‥‥‥‥‥‥‥‥‥‥‥‥‥‥‥‥‥‥‥‥‥‥‥‥‥‥‥‥‥‥‥

決してそうではありません。

**解　説**

審級が最高裁だからといって，その裁判所の判断が判例であるとはいい切れません。

例えば，上告不受理決定は，単に上告を受理しないというだけであって，それ以上に原審の判断を積極的に是認する意味はありません。

また，単なる事例判断であることもあります。事例判断であっても，先例として一定の価値はあり，実務上の参照には値するものの，民集や刑集に登載された最高裁判例とはおのずからその射程や先例性の強さに相違が

あります。

　加えて，ある判決が民集に登載された最高裁判例だとしても，そこで先例性があるとして参照されるのはあくまでもその判旨部分にすぎません。この点は§53を参照してください。

　なお，最高裁の大法廷判決と小法廷判決はその意味の相違があることから，大法廷判決は「最大判」と明記することが望ましいといえます。また，各小法廷にも傾向があるので，丁寧に記載するなら「最○小判」といったように，判断した小法廷を特定して記載すべきです。

## §53　判旨と理由づけ

### キーワード 【最高裁判例】【判決文】【判旨】【理由づけ】

**Q**
　判例の読み方がよく分かりません。判旨と理由づけ，背景となる事実の関係を教えてください。

**A**
　理由づけで抽象的には射程が分かりますが，背景となる事実関係を理解することで，実務上の射程をよりよく理解できます。

**解　説**

　判例においては，先例性のある判断を示す「判旨」部分があります。例えば，最一小判平成27年2月19日民集69巻1号51頁（アートネイチャー事件）でいうと「非上場会社が株主以外の者に新株を発行するに際し，客観的資料に基づく一応合理的な算定方法によって発行価額が決定されていたといえる場合には，その発行価額は，特別の事情のない限り，（注：改正前商法280条ノ2第2項にいう）『特ニ有利ナル発行価額』には当たらない（と解するのが相当である）。」という部分が判旨です。

　そして，なぜその判断になったかは理由づけを参照すれば分かります。以下，調査官解説（最高裁判所判例解説〔民事篇〕平成27年度（上）42頁）を参照しながら，簡単に説明します。

　現行会社法199条3項は，新株発行時の「払込金額」が「特に有利な金額」である場合において，その理由を説明すべきことを定めています。そして，アートネイチャー事件の判決は，同項と同様に，株主以外の者に対し，「特ニ有利ナル発行価額」で新株を発行することを必要とする理由を開示することを要する旨規定していた旧商法280条の2第2項の「特ニ有利ナル発行価額」の意義について判断したものです。企業の株式価値の評価手法には様々な手法が存在していますが，その評価手法の適否について

明確な判断基準が確立されているというわけではなく，また，個々の評価
手法においても，ある程度幅のある判断要素が含まれていることが少なく
ないという状況を踏まえ，「本件では取締役会が，新株発行当時，客観的
資料に基づく一応合理的な算定方法によって発行価額を決定していたにも
かかわらず，裁判所が，事後的に，他の評価手法を用いたり，異なる予測
値等を採用したりするなどして，改めて株価の算定を行った上，その算定
結果と現実の発行価額とを比較して『特ニ有利ナル発行価額』に当たるか
否かを判断するのは，取締役らの予測可能性を害することともなり，相当
ではない」としています。要するに，様々な選択肢がある中で取締役会が，
客観的資料に基づき，自社株式の価値評価について合理的な算定方法を採
用した上で判断したのにもかかわらず，裁判所が事後的に「こちらの方が
あるべき一つの『公正な価額』」という判断をすると，取締役らの予測可
能性を害するという内容が主な理由づけになっています。このような「後
知恵」防止という趣旨から，この判旨の射程はある程度明らかになります。
例えば，株式買取請求等の非訟手続において，当事者の一方が買い取るべ
き価格等を，将来に向けて決定する場合は，この判例の射程の外と考えて
差し支えないでしょう（最高裁判所判例解説〔民事篇〕平成27年度（上）47〜48頁
も参照）。

　その上で，本件の具体的な状況（配当還元法が使われたこと，会計士の算定結
果報告後4か月後に取締役会で決議，業績が良かった状況から悪化に転じ，再度上昇傾
向にあったこと）を踏まえ，取締役会が客観的資料に基づく一応合理的な算
定方法によって発行価額を決定していたとし，最初の業績が良かった状況
を前提とした価格と乖離があることは「特別の事情」には当たらない等と
しています。このような具体的な状況を理解することで，その判旨の射程
や具体的な当てはめ上の留意点がよりよく分かるといえます。

　上記はあくまでも一つの例にすぎませんが，判旨，理由づけ及び背景と
なる事実を理解することで，目の前の事案に適切に判例を当てはめるとい
うリーガルリサーチの目的を実現することができるようになります。また，
原審・原々審（なお，原々々審や差戻前控訴審等が存在することもある）の判決等
を読むことや，その判示に至るまでの当該論点に関する学説・裁判例上の
対立等を把握することで判例の意義をより立体的に理解することができま
す。加えて，その後の下級審による下位規範の具体化（→§54）や判例変
更（→§51）も重要です。なお，実務上は，判決文だけを読んで射程を検
討するより，調査官解説（→§62）が存在すればそれも参照すべきである
点にも留意が必要です。

## §54　下級審裁判例にあたる意味

**キーワード**【下級審裁判例】

**Q**

　現在調査しているのは重要な論点であるため，最高裁判例はありますが，それ以外に下級審の判決・決定も多数存在します。下級審の判決・決定も調べなければならないのですか。また，下級審の判決・決定は，リーガルリサーチにおいてどのような意味があるのですか。

**A** ●●●●●●●●●●●●●●●●●●●●●●●●●●●●●●●●●●●●●●●●●●●●●●●

　最高裁判例の判旨の下位規範を示す下級審裁判例を参照すべき場合があります。また，最高裁判例が存在しない場合には，最高裁が規範を示すまでの時限的措置として下級審裁判例を参照すべき場合があります。

**解　説**

### 1　最高裁判例の判旨の下位規範を示すもの

　まず，ある最高裁判例が出現した以後，例えばその判旨で「特段の事由なき限り」とされている場合に，どのような場合が特段の事由に該当するかについて争われる事案が多数出てくることがあります。もちろん，しばらくして最高裁がその点について判断するという展開もあり得ますが，それまでの間は実務的にはこれらの事案に関する下級審の判断を基に，「特段の事由として主張されたものがこれまで10種類あり，肯定の結論のみが3種類，否定の結論のみが3種類，単にそのような事情があるというだけではなくその事情がある前提で他の事情を踏まえて肯定・否定に分かれているものが4種類ある」といった状況を把握することができます。こうすることで，目の前の事案がどの類型に該当するかを検討し，目の前の事案が「特段の事由」に該当しそうかを判断することができます。

### 2　そもそも最高裁判例が存在しない場合

　また，そもそも最高裁判例が存在しない論点も多数存在しているところ，その場合でも，下級審判決・決定に一定の先例性がある場合，これに拘束性はないとしても，ある程度均質な判断をするとされている裁判官がそのような判断を下したという意味で，参考になる部分はあります。とはいえ，以下の2点に留意が必要です。

　1点目は，下級審の判断の中には，理由づけがほとんどなく，当該判決の事案と異なる目の前の事案との関係で参照しづらいものや，場合によっては十分な理由も示さず通説等と異なる判断をするものも少なくないことです。典型的には，「総合考慮」としか理由を書かないものや「以上を踏

まえると」として端的に結論だけを書くものが挙げられます。また，相手方が十分な反論をしていない場合（相手方本人訴訟や欠席判決）等には，裁判所がそれに引きずられて十分な理由も示さず通説と異なる判断をすることもあります。

　２点目は，複数の判断がある場合には，その流れや位置づけ等をきちんと分析すべきであることです。例えば，下級審で10個の裁判例が存在し，結論が分かれているという場合には，きちんとその審級や理由づけを分析すべきです。例えば「地裁レベルでは判断が分かれているが，高裁レベルの３個は同じ判断」とか，「時期的に最初はＡという判断もあるが，最近はほぼ全てＢ」とか，「事案次第であり，甲の場合はＡ，乙の場合はＢ」といった正確な分析をしなければ目の前の事案解決にとって有益なものとなりません。

## §55　判決文にあたる意味

**キーワード** 【最高裁判例】【下級審裁判例】【判決文】

**Q**

　リサーチをしたところ，コンメンタール，基本書や実務書等に（裁）判例の要旨が引用されていました。もう自分が（裁）判例の原文にあたる必要はないでしょうか。また，（裁）判例の原文にあたる意味は何ですか。

**A** ・・・・・・・・・・・・・・・・・・・・・・・・・・・・・・・・・・・・・・・・・・・・・・・・・・

　なお（裁）判例の原文にあたる必要があります。正確性，深い理解，別文献を調査する際の起点とするためです。

**解　説**

### 1　正確性を担保するため

　書籍に掲載された（裁）判例の原文にあたる目的としては，まずは正確性を担保することが挙げられます。例えば，実務書の中には，当事者の主張欄を（誤って）判旨として掲載するものも残念ながら存在します。また，実務書の中には引用する（裁）判例の年月日等を間違えているものもあります。

### 2　深い理解を得るため

　加えて，判旨のみならず理由や背景となる事実を知ること（→§53）が深い理解のために必須であることから，そのような部分を読み込んでその（裁）判例の深い理解につなげることも重要です。

### 3　別文献を調査する際の起点とするため

　さらに，（裁）判例の原文にあたることで，その先の別文献の調査の起点とすることができます。現在の多くの判例データベースは論文データベースを兼ねており，主に当該（裁）判例の評釈論文に関する書誌情報が記載されています。そして，そのデータベースに論文が収録されていたり，その論文がオープンアクセスだったりすれば論文へのリンクが貼られています。特に調査官解説（→§62）へのリンクは有益です。また，当該判例を引用する最近の文献の情報も記載されており，判例変更が発生したことを最新の文献から把握できることもあるので，活用すべきです。

## §56　引用されていない（裁）判例

**キーワード**【下級審裁判例】

**Q**

　コンメンタール，基本書や実務書に引用されていない（裁）判例は，重要ではないのでしょうか。書籍に引用されていない（裁）判例を調べる必要はありますか。

**A**

　書籍は（裁）判例を網羅的に引用しないことが多いため，書籍に引用されていない（裁）判例を調べる必要があります。

**解　説**

### 1　書籍が（裁）判例を網羅的に引用していないこと

　残念ながらコンメンタールも含め，書籍の多くは網羅的には（裁）判例を引用していません。もちろん定評のある書籍は，判例は押さえるようにしています。しかし，論点によっても変わりますが，一般には（裁）判例の数が多すぎるので，下級審を含む（裁）判例の網羅性を確保することはあまり容易ではありません。筆者（ronnor）は，コンメンタールを調べ，例えばそこに当該論点に関する（裁）判例として20件が引用されていることを確認した後，判例データベースにおいて50件の（裁）判例を発見する（つまり，30件の引用されていない（裁）判例を発見する）ということを頻繁に経験しています。

　だからこそ，書籍に引用されていない（裁）判例を調べる必要があります。

### 2　書籍が（裁）判例を網羅的に引用していない理由

　それでは，なぜ書籍は（裁）判例を網羅的に引用していないのでしょうか。

　もちろん紙幅の制約もあるでしょうが，そもそも網羅的に調べようとしていないという場合もあるでしょう。書籍Aにおいて，ある（裁）判例の判示を引用する際に誤植があったという場合に，その後に刊行される書籍Bにも書籍Aと同様の誤植がある等，書籍の中には他の書籍が引用した裁判例の孫引きをしているだけなのではないかと思われるものもあります。

　そこまでひどくない場合でも，いわゆる判例雑誌に掲載されたもののみをリサーチの対象とし，データベース独自収録（裁）判例がほとんどリサーチの対象とされていないことがよくあります。

　加えて，各判例データベースが，それぞれ独自に収録している（裁）判例があります（→§57）。そこで，理想的にはD1-Law.com，Westlaw Japan，LEX／DBインターネット，判例秘書及びLexisNexis ASONE（順不同）の5つのデータベースを全て利用しなければ，網羅的に（裁）判例を調べたとは到底いえないところ，多くの書籍の著者は一つ，多くても二つのデータベースしか利用していません。そのため，他のデータベースの独自収録（裁）判例を見落としていることがよく見られます。

　また，その書籍の執筆後に新たな裁判例が出ていることもよくあります。下級審であれば上級審でひっくり返っていたり，判例であれば判例変更があったりする場合があるので，留意してください。

## §57　（裁）判例の検索方法

**キーワード**　【下級審裁判例】【判例データベース】

**Q**

　書籍に引用されていない（裁）判例を調べる必要があるということですが，どうやって調べればよいでしょうか。（裁）判例の検索の方法を教えてください。

**A**

　各判例データベースに共通の方法と，データベース固有の方法があります。

**解　説**

### 1　各判例データベースに共通する方法

（1）キーワード検索

　まず，キーワード検索があります。キーワードとして，条文から展開するのであれば，条文のキーとなるフレーズが考えられます。キーワードを複数入れる場合に全て含まれていることが必要なAND検索と，いずれかでよいOR検索があります。AND検索はキーワードの間にスペースを入れ

るだけでよいことが多いですが，OR検索については，各判例データベースでそれぞれユーザ・インターフェース（UI）が違っています。また，UIは様々ですが，NOT検索，つまり特定の単語を除く（例えば「ドローン」で検索するが「カードローン」を除く）といった検索ができることも一般的です。キーワード検索の良いところは，「当該キーワードが入っているものが全部出てくる」ことです。しかし，キーワード検索の悪いところもまた同じであり，「当該キーワードが入っているものが全部出てくる」ことです。つまり，ピンポイントで良いキーワードを考えつけば，ピンポイントで良い（「答え」の載っている）裁判例が出てきますが，（D1-Law.comのように表記揺れ対応をするデータベースもあるものの）キーワードがちょっと違っていると出てこないとか，逆に大量に出てきて到底1件1件確認しきれないという状況が生じ得ます。

(2) 体系検索

次に，体系検索があります。つまり，民法の「契約自由の原則」で検索したいとか，そのような場合に体系に基づき検索できます。次の条文検索と似ていますが，条文にない概念も体系に入っていれば検索できることや，条番号が「X条のYのZ」くらいのレベルならよいですが，「甲条の乙の丙の丁」くらいのレベルになるとそもそも条文検索では検索できないという場合に，体系検索が便利です。ただし，判例データベースにおいて体系の整理は学者や弁護士等に頼んでいることが多く，最新情報の反映までには当然ながらタイムラグがありますし，さらに整理対象は基本的には判例雑誌登載裁判例が中心となります。そのため判例データベースに独自に収録されている（裁）判例が漏れる（体系のどの部分に位置づけられるかというデータ（メタデータ）が入っていない）ことも多いということにも留意が必要です。

(3) 条文検索

さらに，条文検索があり，条文を起点とするリサーチ（→§37）で利用することが可能です。ただし，条文の整理にもタイムラグがあり，判例データベースに独自に収録されている（裁）判例が漏れる（メタデータが入っていない）ことも多い点で体系検索に類似しています。

(4) 年月日，出典，判例ID，事件番号等

なお，書籍に掲載された（裁）判例の原文にあたる（→§55）等，既に（裁）判例が特定できている場合には，年月日や出典となる判例雑誌，判例ID，事件番号等で検索することがあり得ます。書籍においてある程度長め（概ね2行以上等）に，（要約引用ではなく）判決原文をそのまま引用して

いる場合，特にその書籍が電子書籍や法律書サブスク等の電子媒体であり
テキストをコピーすることが容易な場合には，当該書籍に記載の判決原文
をコピー＆ペーストしてキーワード検索すると，一発で当該判決の原文に
あたることができる場合が多く，筆者（ronnor）は重宝しています。なお，
句読点を含むと「、」と「，」などの表記揺れ等の可能性もあるので，句読
点のない少し長めのフレーズをコピー＆ペーストする方がエラー（当該判
決が存在しないと表示されること）が発生することが少ないというのが筆者
（ronnor）の体感です。

(5)　被引用情報

最高裁判例の後の（裁）判例による下位規範の具体化を知りたい場合
（→§54）には，最高裁判例から，その判例を引用する（裁）判例等を発見
することができます（その最高裁判例のところに被引用情報が多くのデータベース
において収録されています。）。

## 2　各社のサービスが便利な場面

(1)　D1-Law.com

（裁）判例のうち，検索結果前後のスニペットにつき，「詳細を表示」と
すると一覧表示画面に表示されるのが便利です。また，一覧表示から
（裁）判例をクリックすると（裁）判例が別タブで表示されるUIとなって
います。このようなUIが使いやすい人には，D1-Law.comのUIが便利です。
さらに，（裁）判例の「事案の概要」から引用して自動で要旨を表示する
ので迅速かつ多くの裁判例に要旨が表示されます。

(2)　Westlaw Japan

自分で形式を選んで（裁）判例情報（裁判所名や年月日等）をコピーする
ことができます。交通事故，医療，慰謝料，遺産相続，借地借家といった
特定の類型の紛争の裁判例を，例えば損害賠償額等の切り口で検索するこ
とができる，「データファイル」という機能があります。このデータファ
イル機能はオプションですが，当該類型の事案をやっていれば使い出があ
ります。

(3)　LEX／DBインターネット

戦前の裁判例をおおむねテキスト化しているので，韋駄天（http://www.
inagaki.nuie.nagoya-u.ac.jp/idaten/index.html）にそのまま流し込んでカタカナの
平仮名化，旧字体の新字体化等ができる点が便利です。

(4)　判例秘書

「AIアシスト」といった機能が存在します。ただし，その名称から想像
するような，AIが代わりに検索をしてもらえるようなものではありません。

## 58

正確には「AI同義語検索アシスト機能」であり，例えば「アスベスト」としか本文に記載のない（裁）判例を「石綿」でもヒットするようにすることができます。要するに自動的に同義語を含めて検索する機能です。精度は今後の改善が期待されるものであり，例えば，2024年3月に「名誉棄損」で検索すると762件，「名誉毀損」で検索すると4797件となり，その結果は「AIアシスト」機能をオンにしてもオフにしても変わりませんでした。

### 3　最高裁ホームページは「判例データベース」ではないこと

　なお，最高裁ホームページには一部の（裁）判例のPDFファイルが掲載されており，「裁判例検索」というページで，これらの掲載されている（裁）判例を検索することもできます（https://www.courts.go.jp/app/hanrei_jp/search）。しかし，本書で「判例データベース」という場合，最高裁ホームページは含みません。それは，掲載（裁）判例が少なすぎるからです。ただし，直近数か月の（裁）判例は最高裁ホームページにしかないということがあるので，直近の裁判例を調べる場合にはリーガルリサーチに利用可能です。

## §58　（裁）判例の検索結果が少なすぎる／多すぎる

**キーワード**　【判例データベース】【AND検索】【OR検索】

**Q**　（裁）判例を検索しようと判例データベースにキーワードを入れましたが，検索結果が少なすぎたり，多すぎたりします。

**A**　••••••••••••••••••••••••••••••••••••••••••••••••
　検索方法を変えましょう。また，少なすぎるならばOR検索，多すぎるならAND検索，NOT検索を活用しましょう。

**解　説**

### 1　試行錯誤が当たり前

　条文のキーとなるフレーズで検索する（→§37）場合において，例えば民法715条を起点にキーワードを設定するとして，「その事業の執行について第三者に加えた損害」だと少なすぎるかもしれませんし，「事業」AND「執行」だけだと多すぎるかもしれません。しかし，（裁）判例をキーワードから検索する場合には，試行錯誤をするのが当たり前です。最初の試行で出てきた（裁）判例の文言から関連するキーワードを推測して検索してみるといった方法もあります（なお，この場合は後述2で述べるとおり，民法715条の条文検索を使ってみてもよいかもしれません。）。

## 2 双方の場合に使える方法

　検索結果が少なくても多くても使えるのが，検索方法を変えることです。キーワード検索で上手くいかない場合には条文検索や体系検索を使うとか，その逆の方法を使うことが考えられます。

## 3 少なすぎる場合

　少なすぎる場合には，関連するキーワードをOR検索で増やしましょう。表記揺れは，例えば，D1-Law.comの判例データベースはある程度自動で補ってくれますし，判例秘書のAIアシスト機能や，Westlaw Japanの検索ボックスの脇の「表記揺れを含む」のチェック等を用いることでも補うことは可能です。しかし，システムに委ねるとピンポイントで得たいものは検索に出ない可能性があります。そこで，自分で類義語を追加し，幅広くOR検索をすることで，検索結果を増やせます。

## 4 多すぎる場合

　多すぎる場合には，（それでも愚直に全て読むという選択をしない限り）絞り込みをすることが必要です。キーワードを追加しAND検索による絞り込みをすることや，NOT検索により無関係な言葉を排除することが有益でしょう。また，他には，審級を最高裁に限定するとか，最近のものに限定するとか様々な絞り込み方法があります。なお，検索で出てくる（裁）判例が多すぎる場合には，当該データベースに評釈論文等が掲載されている裁判例（→§55）を発見して，最近の評釈論文に基づき（裁）判例の間の関係等を知ることが絞り込み方法を考える上で有益かもしれません。

## §59　どこまでの（裁）判例を確認すればよいか

**キーワード** 【合理的注意】【最高裁判例】【下級審裁判例】

**Q**

　（裁）判例のリサーチを始めるといつまでも終わりません。どこまで深く掘ればよいでしょうか。

**A**

　「実務上合理的な注意を尽くした」の意味を，直近の最高裁判例がある場合，新しい最高裁判例がある場合，古い最高裁判例がある場合，最高裁判例がない場合の4つに分けて説明します。

**解説**

## 1 はじめに

　§9のとおり，リーガルリサーチは合理的な注意を尽くせばよいため，

必ずしもしらみつぶしに調べ切る必要はありません。「合理的な注意を尽くした」とは何か，具体的事案にもよりますが，数時間程度のリサーチを前提に，直近の最高裁判例がある場合，新しい最高裁判例がある場合，古い最高裁判例がある場合，最高裁判例がない場合の4つに分けて説明します。

　なお，どのようにして最高裁判例の有無を知ることができるのかについて疑問を持つ読者の方もいるかもしれません。既に条文から書籍への展開について説明していますが，多くの場合には，関連する条文から書籍を調べて（→第5章）コンメンタールに最高裁判例が掲載されていることから，最高裁判例が存在することが分かるというのが典型的な探し方です。なお，判例六法（→§32）を使っていると条文を起点にダイレクトに最高裁判例にたどり着くこともあり得ます。

## 2　直近の最高裁判例がある場合

　その分野における動きの速さにもよりますが，同年とか1年以内といった時期の最高裁判例がある場合，その後に下された当該最高裁判例を前提とした（裁）判例がもし存在しても，なかなか判例データベースには収録されません（この点は今後の判決全文公開により変わることが期待されます。）。そうすると，最高裁判例を見つけた段階で，多くの場合には（裁）判例への展開はおおむね終わり，ただしそこから当該最高裁判例の調査官解説（→§62）の確認等の別の展開があり得るということになります（とはいえ，§53のとおり，当該最高裁判例の原審等の判決等を確認したり，その判示に至るまでの当該論点に関する（裁）判例上の対立等を把握したりするため，更に（裁）判例を読むこともあります。このような対応は後述3以降の場合でも同様に行うものですが，記載は省略します。）。

## 3　新しい最高裁判例がある場合

　新しい最高裁判例が存在する場合（2024年現在，おおむね令和になってからの最高裁判例のイメージです。）には，その後の下級審による下位規範形成（→§54）が重要です。そこで，これを引用する下級審裁判例を更に調べましょう。

## 4　古い最高裁判例がある場合

　基本的には上記2及び3の場合と同様ですが，判例変更が生じている可能性があることには留意が必要です（→§51）。この場合，もちろん大法廷で明示的に判例変更をすることもありますが，実質的な方針転換を小法廷限りで行うこともよくありますし，「変更」ではなくても，判旨や射程を目の前の事案に適用する上では併せて理解しておくべきその後の最高裁の

判決・決定があることもよく見られます。

## 5 最高裁判例がない場合

　最高裁判例が存在しない場合には，下級審裁判例で判断するしかなく，§54の（裁）判例の流れや位置づけ等が理解できる程度まで調べるべきです（ただし，コンメンタールが「（裁）判例はおおむねＸという傾向」としていて，かつ，コンメンタール執筆後に出された（裁）判例を調べた限り，同様にＸの傾向が見られる場合，それで合理的な注意を尽くしたといってよいかもしれません。）。

### §60 （裁）判例が見つからない

**キーワード** 【判例データベース】

**Q**

　リーガルリサーチのため（裁）判例を調べているのですが，（裁）判例がどうしても見つかりません。

**A** ●●●●●●●●●●●●●●●●●●●●●●●●●●●●●●●●●●●●●●●●●●●●●●

　（裁）判例の探し方が悪い，そもそも（裁）判例が存在しない場合があります。

**解　説**

## 1 （裁）判例の探し方が悪い

　判例データベースで検索をする際に，そもそも適切なキーワードが分からないと，検索結果として出てくる（裁）判例が少なすぎたり多すぎたりします（→§58）。また，キーワード検索で探すべきところを体系検索・条文検索で探している等の検索方法の選択ミスをしている場合もあります（→§57）。なお，判例データベース独自収録（裁）判例だと，当該（裁）判例を収録しているデータベースとは異なるデータベースを使っていれば当然出てきませんし，そういうことが頻繁に生じます（これが，筆者（ron-nor）が4つのDBを同時に使っている理由です。）。

## 2 そもそも（裁）判例が存在しない

　新しい論点の場合，例えば行政がパブコメやガイドライン，Ｑ＆Ａ等で回答しているので，それで実務が動いていて，（裁）判例が存在しないという事態はよくあります。

　もちろん，新しい論点について，実は別の論点についての（裁）判例の考え方が目の前の事案に当てはまるといった場合もあるので，本当に存在し「ない」のかは吟味が必要ですが，全ての論点について（裁）判例があるわけではない，という点は留意すべきです。

　（裁）判例が存在しない場合には，（裁）判例の調査をすべきではなく，そもそもその事案ではリーガルリサーチの方法として書籍（→第5章），論文（→第7章），パブリックコメント等（→第8章）から展開すべきです。

## Column 6　（裁）判例のリサーチの例

### 1　気軽に（裁）判例を検索する

　（裁）判例のリサーチ能力を上達させる秘訣は，（裁）判例をリサーチすることへの「漠然とした抵抗感」を払拭することにあります。とにかく気軽に判例データベースで（裁）判例を検索してみましょう。

　例えば，筆者（ronnor）が行った，比較的上手くいったリサーチの一つに，「（裁）判例上出てくる最大の請求額」を探すというものがあります。

　まず，サイ太（X（旧Twitter）ID：@uwaaaa）弁護士が，（裁）判例上扱われた最も大きな数は，「114垓7028京3622兆7047億1991万7918」である旨の投稿をしました（https://twitter.com/uwaaaa/status/1093811427574349825）。確かに，「京」の次の単位である「垓」というのは天文学的数字を表す単位ですから，この数字が最大ではないか，と考えたことはよく理解できます。

　ただ，やはり自分で判例データベースを検索していないのに「なるほど」とは思えません。そこで，実際に検索してみました。その際は，最も大きい数を表す単位という観点で「無量大数」というキーワードで検索しました。すると，東京地判平成25年2月22日D1-Law.com登載（事件番号：平24(ワ)31380号）の請求の趣旨として，「被告らは，原告に損害金10の68乗無量大数（ママ）の一部10万円を支払え。」という記載が出てきました。

　これはあくまでも一例ですが，気軽に（裁）判例を検索することがリサーチの成功につながります。とにかく心理的ハードルを最小限にし，気軽に（裁）判例を検索しましょう！

### 2　復職の可否の事案を通じて（裁）判例を利用したリサーチを深める

> 事例：弁護士であるあなたは，依頼者A社から，従業員Bのうつ病による2年間の傷病休職期間が間もなく満了するところ，主治医による復職可能である旨の診断書が提出されたが，どうすればよいかという相談を受けました。

　これは，第2弾§57を参考にした事案ですが，第2弾§57は従業員から診断書が提出されない事案ですので，若干事案が異なっている点に留意してください。

　この場合，「休職」という文言は，民間企業に適用される労働法には存在しない（なお，国家公務員法61条には「職員の休職，復職，退職及び免職は任命権者が，この法律及び人事院規則に従い，これを行う。」とするように，公的分野では存在します。）ため，条文からの展開が容易ではありません。

　そこで，定評のある本をリサーチします。菅野和夫，山川隆一『労働法』第13版（弘文堂，2024年）が利用されることが多いでしょう（以下，本書を「菅野」とします。）。本事案の場合，同書699頁以下で休職について概説されていますので，まずはここの部分を読むことで，休職制度の概略を理解するよう努めることになるでしょう。例えば，診断書が提出された本事案のような場合，主治医との面談等を行い，従業員Bの心身はどのような状態で，具体的にどのような業務が可能でどのような配慮が必要かを理解する必要があります。また，A社の社内に復職に向けた手順に関する内部規程があればそれに従う必要があります（なお，規程の一例として厚生労働省「心の健康問題により休業した労働者の職場復帰支援の手引き」24頁参照）。

　その上で，最終的に従業員の復職を認めることができるか否かは，内部規程上復職の条件として「治癒」等を求めることが多いことから，その解釈が問題となります（菅野701頁）。そして，菅野が引用する片山組事件（最一小判平成10年4月9日集民188号1頁）は，休職期間満了時の復職についても，重要なリーディングケースとして取り扱われています。つまり，この判例は直接には病気療養者への（無給の）自宅待機命令について，「労働者が職種や業務内容を特定せずに労働契約を締結した場合においては，現に就業を命じられた特定の業務について労務の提供が十全にはできないとしても，その能力，経験，地位，当該企業の規模，業種，当該企業における労働者の配置・異動の実情及び難易等に照らして当該労働者が配置される現実的可能性があると認められる他の業務について労務の提供をすることができ，かつ，その提供を申し出ているならば，なお債務の本旨に従った履行の提供があると解するのが相当である。」としたものです。このように，同判決は必ずしも直接的に休職者が復帰する際の条件である「治癒」の解釈を扱ったものではありませんが，下級裁判例がこれを治癒の解釈に活かしているとして，菅野は多数の裁判例を挙げています。第12版の段階では平成30年までの（裁）判例しか挙げていませんでしたので，以下では判例データベースを利用して，令和以降の（裁）判例を探す場合の具体的対応の例を紹介します（なお，2024年4月刊行の第13版を参照することで令和以降の（裁）判例をある程度フォ

ローすることが可能でしょう。）。

　一つはキーワード検索です。まずは，「治癒」というキーワードで検索する方法を思いつくでしょう。例えば，D1-Law.comで2024年4月に検索したところ，約9000件の（裁）判例が出てきました。もちろん9000件でも全部読むぞ，という人もいるかもしれませんが，現実的にはなかなか難しいかもしれません。「休職」で検索すると約4000件，「復職」ではだいぶ減りますがそれでも約3000件です。探したいのが令和以降の（裁）判例ということで期間を「以降」として令和1年5月1日以降にして「復職」で調べても約500件出てきます。

　このような場合には，アンド検索で（裁）判例をしぼることが考えられます。例えば「治癒　休職」で約500件，令和以降に限定すれば約80件にまでしぼることができます。これでなんとか探せるという人もいるかもしれません。ただ，これでも多いという印象を持つかもしれません。

　もう一つは（被）引用（裁）判例を検索する方法があります。各判例データベースにおいて，片山組事件を基に，それを引用している（裁）判例を検索することが可能な場合が多いです。例えばD1-Law.comであれば（その（裁）判例が別の（裁）判例で引用されている場合に限り）左下の「参照」欄に「被引用判例」というボタンがあり，それをクリックすると，その（裁）判例を引用している（裁）判例を検索することができます。ただし，手動でメタデータとして引用・被引用関係が記録・記載されているものだけが検索対象となります。そこで，2024年4月時点では，8件のみが検索され，全て平成の下級審判決でした。

　そこで，次に片山組事件判決の判旨の核心的文言をキーワードとして検索することが考えられます。例えば「配置される現実的可能性」といったキーワードで検索することが考えられます。そうすると，D1-Law.comでは，以下の令和の（裁）判例が発見できるのではないでしょうか。

・東菱薬品工業事件（東京地判令和2年3月25日労働判例1247号76頁）
・日東電工事件（大阪高判令和3年7月30日労働判例1253号84頁。原審：大阪地判令和3年1月27日労働判例1244号40頁）
・三菱重工業事件（名古屋高判令和4年2月18日労働経済判例速報2479号13頁。原審：名古屋地判令和3年8月23日労働経済判例速報2479号19頁）

　加えて，体系検索もあります。つまり，判例データベースの方でそれぞれの（裁）判例がどのような論点と紐づいているかについてメタデータを記載・記録しており，論点から（裁）判例を逆引きで検索できるこ

とがあります。D1-Law.comでは，「労働法／労働契約法／※労働契約に関する問題／ 6　休職／⑵　休職期間の満了と復職・退職」という論点において，三菱重工業事件，日東電工事件以外（なお，2024年 4 月に検索した際は，東菱薬品工業事件が見当たりませんでした。）にも，以下の令和の裁判例が発見できるでしょう。

・高島事件（東京地判令和 4 年 2 月 9 日労働判例1264号32頁）
・シャープNECディスプレイソリューションズ事件（横浜地判令和 3 年12月23日労働判例1289号62頁）
・丙川商店事件（京都地判令和 3 年 8 月 6 日労働判例1252号33頁）
・マツヤデンキ事件（大阪高判令和 2 年11月13日判例時報2520号71頁）
・東京キタイチ事件（札幌高判令和 2 年 4 月15日労働判例1226号 5 頁）
・三菱UFJモルガン・スタンレー証券事件（東京地判令和 2 年 4 月 3 日労働経済判例速報2426号 3 頁）
・甲社事件（東京地判令和 2 年 3 月27日労働経済判例速報2443号24頁）

　もちろん，これらの（裁）判例の中には片山組事件を引用していないものも含まれており，完全に本件の問題意識に即したものではないものの，菅野第12版において引用されていない令和以降に出された休職満了時の復職についての（裁）判例を探したいという場合には，一定の有用性がある探し方と言えるでしょう。

# 第 7 章　論文の探し方

## §61　論文とは何か

キーワード 【判例評釈】【論文】【論文集】

**Q**

リーガルリサーチにおいて論文を利用することもあるとのことですが，ここでいう「論文」とは何ですか。

**A**

本書では，判例評釈，実務家及び学者の学位論文，雑誌論文，論文集を指します。

### 解　説

### 1　判例評釈の有用性

判例評釈は，条文（→第4章）でも，書籍（→第5章）でも，裁判例そのもの（→第6章）でもありません。そこで，「評釈論文」という表現もあることを踏まえ，本書では判例評釈を「論文」に含めています。そして，判例の射程（→§53）を理解したい場合，判例評釈は極めて有用です。そこで，本章において検討対象とする「論文」の中でも，リーガルリサーチにおいて特に重要なのは，評釈論文，特に調査官解説となります。

### 2　論文

多くの論文は雑誌に掲載されます。学位論文は，過去においては，一部は公刊されていたものの，当該大学の図書館に保管されるのみでした。現在は，学位論文のうち博士論文は原則全件公開（平成25年4月1日施行の学位規則改正（平成25年文部科学省令第5号）による）となりました。

### 3　論文集

論文集は，書籍の形で公刊されるものの，内容が研究論文をまとめたものとなっています。例えば「古稀記念論集」のような複数人の論文をまとめたものや，ある一人の学者の論文をまとめたもの等があります。本書では，これも「論文」と位置づけます（→§41）。

### 4　ニュースレター等の扱い

事務所ニュースレター等のインターネット上に掲載されているものについては，第8章で取り扱います。

## §62 調査官解説の種類

**キーワード** 【調査官解説】

**Q**

　調査官解説にはどのような種類がありますか。また，どのようにリサーチに使いますか。

**A** ••••••••••••••••••••••••••••••••••••••••••••••••••••••••••••

　最高裁判所判例解説〔民事篇〕／〔刑事篇〕，法曹時報，時の判例，Law & Technology等のうち，調査時点で既に公表されているものが何かや調査の目的を踏まえてリサーチしましょう。

**解　説**

### 1　最高裁判所判例解説〔民事篇〕／〔刑事篇〕

　調査官が網羅的に下級審の評釈その他の関連文献を読み込んだ上で作成している権威ある解説です。ただし，あくまでも調査官個人の資格での公表であり，最高裁判所としての見解は判決文（判旨）にとどまります。

　時代によって極めて簡潔な解説であったときもありますが，今では様々な情報を詰め込んだ，長いものが一般的になっています。調査官は，様々な文献を網羅的に読み込んで解説しているため，判旨，射程，事案以外にも関連論点や学説，裁判例等がこれ一つで分かり，芋づる式検索（→§38）の起点になります。若手弁護士や若手法務パーソンが調査官解説の存在する判例をリサーチして，リサーチ結果が要領を得ないと，先輩・上司に「調査官解説は読みましたか？」と言われることは必然でしょう。

　ただし，出版されるのが遅いという致命的問題があります。例えば，令和2年の判例の解説は，令和5年に出版されるなどです。だからこそ，決定版である最高裁判所判例解説〔民事篇〕／〔刑事篇〕が出版されるまでは，法曹時報や時の判例等が参考になります。

### 2　法曹時報での解説記事

　基本的には，内容は最高裁判所判例解説〔民事篇〕／〔刑事篇〕とそう大きく変わりません。調査官解説をまずは法曹時報に掲載し，それを最高裁判所判例解説〔民事篇〕／〔刑事篇〕に掲載することとなっています。そのため，法曹時報しかなければ法曹時報，最高裁判所判例解説〔民事篇〕／〔刑事篇〕があれば決定版である最高裁判所判例解説〔民事篇〕／〔刑事篇〕を読みましょう。

### 3　時の判例

　比較的収録までのスピードが速く，かつ短いのがジュリストに掲載され

る最高裁時の判例です。多くの場合には，調査官解説を書いている調査官
が，時の判例を書いています。全ての判例について解説が掲載されるわけ
ではないものの，掲載されれば（最高裁判所判例解説〔民事篇〕／〔刑事篇〕や
法曹時報（以下，法曹時報も含めて「最高裁判所判例解説〔民事篇〕／〔刑事篇〕」と
呼びます。）が出るまでは）必読ですし，短い時間のリサーチで「この判例は，
結局何を言いたいか」を捉えたければ（時の判例が存在するのであれば），先
に当該判例に関する時の判例を読んでから最高裁判所判例解説〔民事篇〕
／〔刑事篇〕を参照するのが良いでしょう。

　なお，時の判例は早くて短くて分かりやすいものの，逆に言えば，内容
の充実性という意味では最高裁判所判例解説〔民事篇〕／〔刑事篇〕に劣
るということであり，じっくり腰を落ち着けたリサーチのためには，決定
版である最高裁判所判例解説〔民事篇〕／〔刑事篇〕も（それが存在する限
り）必読です。

## 4　Law & Technology

　知財判例の調査官解説は，Law & Technologyに掲載されます。元の最
高裁判例が民集登載判例ではなく，その結果として最高裁判所判例解説
〔民事篇〕に掲載されないものでも，知財系であればLaw & Technology
に掲載されていることがあるので，諦めずに探しましょう。

## 5　匿名解説

　雑誌に最高裁判例の本文が掲載される際，匿名解説が付されることがあ
ります。匿名解説は，当該事件を担当した調査官が書いている場合もあり
ます。ただし，匿名で書かれるため，編集部が誰に依頼しているかは不明
で，常に担当調査官の手によるとは限りません。

### §63　判例評釈・解説の種類

**キーワード**【判例評釈】

**Q**
　調査官解説が有用なことは分かりましたが，それ以外にも様々な判例
評釈，解説があるようで迷子になりそうです。どのような種類があり，
どのようにリサーチに使えばよいのですか。

**A**
　評釈論文，百選・重要判例解説，匿名解説，担当代理人解説，判例研
究会報告等があります。「玉」と「石」を見極めましょう。

## 解　説

### 1　カテゴリーよりは内容が重要であること

（調査官解説を除いた）判例評釈や解説には様々な種類のものがあります。そして，リーガルリサーチにおいては，いかなるカテゴリーに属するものかよりは，「答え」が掲載されているかが重要であり，着目すべきは内容です。以下ではカテゴリーごとに解説しますが，カテゴリーだけで判断せず，やはりその内容を踏まえて判断すべきです。

### 2　評釈論文

判例雑誌，紀要論文，法律雑誌等に顕名で執筆される評釈論文は，特定（多くは一つであるが，関連する複数のものをまとめて評釈する場合もある）の（裁）判例について，事案，判旨を紹介し，学説やそれまでの裁判例を踏まえた位置づけを明らかにし，判旨に対する賛否とその理由を示すというのが基本的な構成です。長さは数ページから数十ページまで幅があり，また，単純に学説（場合によっては自説）だけをまとめて「この判旨は学説と異なるから反対」とするだけのあまり参考にならないものから，単に学説がどうかだけではなく，関連（裁）判例の射程，それ以前の（裁）判例の流れと当該（裁）判例の実務上の意義までを明らかにするもの等様々です（なお，これを明らかにしたとは述べているものの，議論にアラがあり，本当に額面どおりに受け取ってよいか疑問があるものもあります。）。

だからこそ一つの評釈論文だけを読んでそれだけを基にリーガルリサーチをすべきではありません。複数の評釈論文を読み比べることで，相対的にどれが内容面で優れていて，どれがダメなのかがおのずから明らかになります。

もちろん，評釈論文の執筆者が以前も実務上有用な評釈を書いている場合，次の評釈も有用だろうと，一定程度推認できることはあります。ただし，例えば，特定の狭い分野でしか論文を出さないものの，その分野については本当に参考になる執筆者や，後述6の判例研究会報告（当該判例研究会の主催者等の監督が行き届いているもの）は，名前が知られていない若手研究者の名義で出されたものでも良いものがあります。

### 3　百選・重要判例解説

評釈論文の中でも，特に短い（おおむね見開き2ページ）ものが百選・重要判例解説です。短いのですぐに読めるというメリットはあります。ただし，この限られた紙幅に何を詰め込むかという部分は著者（学者が多いものの，実務家が書き手となることもあります。）によるところが大きいので，実務上有用な内容が含まれることもありますが，そうでないものもあります。

## 4　匿名解説

匿名解説は，担当裁判官が執筆しているものがよく見られます。ただし，その結果として自己の判決を擁護しようと，やや強引な議論となっていること（本当はこれまでの裁判例の流れと異なるのに，「これまでの裁判例の流れに沿っている」と強弁してしまう等）が時々あります。また，執筆者が担当裁判官であることを確認することはできず，あくまでも，担当裁判官に依頼することが多いというだけで，それ以外の人が書くこともももちろんあります。

## 5　担当代理人解説

多くは勝訴側の代理人が顕名で執筆するもので，やや我田引水な論調となっている場合や，自己に不利な議論への目配りが足りない場合や，代理しているので守秘義務との関係で言えないことがある場合等があり，留意が必要です。とはいえ，勝訴するために行った様々な調査が示されている場合には，一定の参考になることは多いでしょう。

## 6　判例研究会報告

判例研究会で報告したものを雑誌等に掲載した判例評釈があります。その中には，単に報告したレジュメがそのまま掲載されているような，質が低いものが存在することは否定できません。しかし，当該判例研究会の主催者やその方針にもよりますが，研究会においてきちんとした精査がされ，そのアドバイスを踏まえた修正によって内容が良くなっているものもあります。そのため，名前を聞いたことがない若手・院生の執筆によるものであっても参照に値する場合があります。なお，指導教官にもよりますが，院生の原稿を指導教官が徹底的に修正したために，実質的に指導教官自身の論文になっているといった場合もあるそうです。

## §64　実務家の論文

**キーワード** 【参考文献】【脚注】

**Q**
リーガルリサーチをする上で，調査官解説や判例評釈以外の実務家の手による論文を発見しました。これはリーガルリサーチに使えますか。

**A**
内容は玉石混交ですが，実務家の執筆である以上，実務上の意義を意識して執筆するものが多いといえます。

**解　説**

## 1　実務家の論文と学者論文

論文（評釈を除く）は，著者の属性により実務家の論文と学者論文に分か

れます。この二つの分類において，現職が何か（裁判官か，弁護士か，教授か）や，現在のポジション（例えば教授であること等）は直接関係ありません。基本的には，実務家としての経歴が長ければ実務家，そうでなければ学者と考えるべきでしょう。例えば，去年まで裁判官として勤めていて退官して大学教授になったといった場合であれば，フルタイムのテニュア教授でもリーガルリサーチにおいて論文の傾向を判断する上で，その属性は，実務家であるというべきですし，弁護士が大学の教授をしている場合も通常は実務家と考えるべきでしょう。同様に，例えば学者が最高裁判事になってもリーガルリサーチにおいて論文の傾向を判断する上で，その属性は学者と考えるべきです。

### 2　実務家の論文の特徴とリサーチへの利用

実務家の論文の特徴としては，実務的な媒体での掲載が多く，内容も実務上の問題意識を踏まえていることが多いことを挙げることができるでしょう。そこで，それが客観的に「良い」ものである場合に，本書の対象とするリーガルリサーチにとって有益であることが多いといえます。

とはいえ，実際の質はまさに玉石混交です。§63のとおり，内容を読み比べて判断するしかありませんが，「論文」としての形式を遵守しているかは最低限の確認事項といえるでしょう。例えば，脚注がない場合や，参照されている文献がほとんど自分自身が執筆したものである場合には，一般には問題があることが多いといえます。逆に言えば，参考文献欄や脚注を読むことで，その論文のレベルをある程度推測することができるということでもあります。

### §65　学者の論文

キーワード【参考文献】【芋づる式】

**Q**
リーガルリサーチの過程で，判例評釈ではない学者論文を発見しました。これはリーガルリサーチに使えますか。

**A**
リーガルリサーチにとって有用な学者論文には，大まかに分けて，（裁）判例まとめ系，博士論文，（裁）判例等がない新しい分野，その理論そのものを問い直す契機とする等の利用方法があります。

**解　説**

### 1　学者論文について

そもそも，学者は実務家の有する問題意識に基づき論文を書くわけでは

ありません。むしろ独自の問題意識に基づき論文を書くことこそが学者の役割ともいえます。例えば，今後の社会の変化を予測して，10年後に重要となる研究をあらかじめ行っておくことや，場合によっては「百年の計」として将来の法制度のグランドデザインを描き出すといったことは，なかなか一般の実務家としては手が回らないところであり，まさに学者の真骨頂が表れる部分であると評することもできましょう。だからこそ，本書の扱うリーガルリサーチで学者論文を使っても，「かゆいところに手が届く」という結果にならないことが多いところです。とはいえ，状況次第で学者論文も本書で想定しているリーガルリサーチの上でも有用なことがありますので，以下，類型ごとに説明します。

　ただし，類型全体としては有用であっても，実態が玉石混交であることは実務家の論文とそう変わりはありません。

## 2　（裁）判例まとめ系

　まず，評釈論文に類似した，（裁）判例をまとめた論文があります。一つのテーマについて丹念に（裁）判例を追う論文は，（裁）判例の流れを追う上で非常に役立つことがあります。

## 3　博士論文

　引用文献欄に関連テーマの先行研究が網羅的にまとまっている（ことが多い）という意味で，博士論文が役に立つことがあります。博士論文の中でもしっかりとした指導教官がきちんと指導しているものや，学会賞を取っているもの，出版助成が得られているものは，比較的先行研究が綺麗にまとまっており，芋づる式検索（→ §49）で役に立ちます。

## 4　（裁）判例等がない新しい分野

　（裁）判例等があればそれに基づき判断できますが，新たに問題となり始めた論点でそのようなものがない場合，「今後もしかするとこういう問題が起こるかもしれない」というような学者の議論が参考になる可能性があります。海外の同種の事案への対応例（立法例や裁判例の紹介）も，その限りで参考になることもあります（→ §80参照）。

## 5　その理論そのものを問い直す契機とする

　また，リーガルリサーチの中でも，最高裁判決に対して判例変更を求める場面等であれば，その理論そのものを問い直すためには学者の論文を網羅的に参照して，どのロジックで攻めるとよいのかを考える必要がある場合もあります。すなわち，上記の4類型のどれにも当てはまらない論文であっても，そのリーガルリサーチの性質が，単に既存の理論と実務の到達点を知りたいというものに留まらず，既存の理論と実務を問い直し，新た

な展開を生み出したいという問題意識に基づくものであれば，そのような問題意識に対応した論文が当該リーガルリサーチにとって有用な可能性があります。

## §66　論文の調べ方

**キーワード**【論文データベース】【芋づる式】

**Q**

論文はどのように調べますか。

**A**

判決からのリンク，分野を限らない論文データベース（CiNii Research，NDL-OPAC），法律文献専門の商用データベース，芋づる式検索，オンライン電子法律雑誌，図書館・古本屋，researchmap等で調べます。

**解説**

### 1　判決からのリンク

多くの判例データベースは，各判決につき，その評釈論文の情報を蓄積しています。また，一部は紀要論文等のオープンアクセス論文（→§67，→§55）にリンク化されており，また，一部はそのデータベース上に収録されている等のため，そのままリンクから評釈論文に飛ぶことができます。これは大変便利です。

なお，判決からリンクされた評釈論文の情報が網羅的でないこともありますので，他の方法でも調べるべきです。

### 2　分野を限らない論文データベース

CiNii Research，NDL-OPAC等の論文データベースの利用により調査することが考えられます。この場合，基本的にはどの雑誌のどの号にあるという情報しか得られないものの，紀要論文でインターネット上にアップロードされているもの等，一部閲覧できるものもあります。

なお，書籍の形式となっている論文集の中の論文等は，このようなデータベースでは出てこないことがあります。

### 3　法律文献専門の商用データベース

法律文献専門の商用データベースとしては，まず，判例データベースを契約することで，同じ会社が発行している雑誌（例えば有斐閣「ジュリスト」等）のデータベースが，オプションとしてついてくる場合があります。この場合契約していれば全文を見ることができます（サブスクリプション型のデータベースに収録されるまでタイムラグがあることには留意が必要です。）。

次は，いわゆる文献情報（雑誌名，論文名等）の情報のみ収録されている

もので，例えば，D1-Law.comやWestlaw Japan等はそのようなデータベースを提供しています。CiNii ResearchやNDL-OPACとは異なり，データ数が相対的に少ないのですが，法律に特化していることから，例えば，「交通事故」など法律に関するもの以外にも大量の検索結果が出るキーワードについて，「法律」，「法制」，「法的」，「法（これは「方法」が出るのであまり良くない）」等と入れてAND検索する必要がないところにメリットがあります（ただし，法律雑誌以外に掲載されている法律を扱う論文が抜けることもあります。）。

　なお，法律書横断中身検索サービス（→§44）には，徐々に法律雑誌が検索対象として加わっており，今後網羅性がますます向上することが期待されます。

## 4　芋づる式検索

　博士論文（→§65）が典型的ですが，学者の論文には多数の文献が引用されています。それらの文献から，他の自分がこれまで知らなかった文献に到達する方法が芋づる式検索で，具体的には，A文献にあるB文献を読んで出てきたC文献を参照する……と調べる方法です（→§49）。

## 5　図書館・古本屋

　紙の雑誌も大事であり，図書館・古本屋で探します（→§68）。

## 6　オンライン電子法律雑誌

　例えば有斐閣Online等では，オンラインでのみ閲覧可能な法律雑誌の配信を始めています。有斐閣Onlineは，ロージャーナルというプランでは，最新のジュリスト等の雑誌記事と一部のWebオリジナルの記事が読めるようになっており，ローライブラリーというプランでは，より古い号からジュリスト等の雑誌の記事を読むことができるようになっています。ジュリスト自体は，事務所や会社が紙または電子版を購読している等，何らかの方法で参照できることが多いように思われますので，そうすると，独自の記事の数が，2024年3月時点で174本であるということが，有斐閣Onlineを導入するにあたっての検討事項の一つであるように思われます。

## 7　researchmap等個人ごとの業績データ

　CiNii Researchでは探しにくい，例えば論文集の中の論文等は，執筆者本人が真面目にアップしていれば，researchmapや大学サイト等個人ごとの業績データの方が詳しいこともあります。自分が探したい専門分野の著者の詳細な業績データがある場合は参考になります。

## §67 商用データベースの意味

**キーワード**【論文データベース】

**Q**
インターネット上でたくさんの論文が無料で読めます。商用データベースを利用する必要はあるのですか。

**A** ‥‥‥‥‥‥‥‥‥‥‥‥‥‥‥‥‥‥‥‥‥‥‥‥‥‥‥‥‥‥‥‥‥
あります。インターネット上で無料で見つかる論文は，論文全体の10分の1とまではいいませんが，数が圧倒的に少ないからです。

**解 説**

確かにいくつかの論文をインターネット上で無料で閲覧することはできます。しかし，それは数としても本当に少数にすぎませんし，質も玉石混交です。「オープンアクセス」について議論が進み，商業雑誌掲載の論文について，雑誌の出版元に費用を払ってオープンアクセス化したり，紀要論文のデータベース（リポジトリ）を大学が無料開放したりしています。また，今後は政府の資金が入るプロジェクトの成果はオープンアクセスにするという方針が示されています。そのため，法律の分野でも良い論文がインターネット上に掲載されて自由にアクセスすることができるという場合もないわけではありませんが，自由にアクセスできる論文はまだまだ少数です（また，オープンアクセスの傾向がすばらしいと手放しに褒めることはできず，オープンアクセスで掲載するための費用の高騰という問題もあります。）。

Google等の検索エンジンでPDF検索（「filetype:pdf」という文言を付加して検索）するとか，サイト限定検索（→§71）でac.jpを選ぶ等の方法で，インターネット上に公開されている論文をほぼ網羅的に拾い上げることはできます。しかし，そこで拾い上げたインターネット上で無料で閲覧できる論文が「氷山の一角」であることについては十二分に理解することが必要です。

## §68 紙の雑誌の意味

**キーワード**【論文データベース】【紙の雑誌】

**Q**
商用データベースを契約すれば，紙の雑誌を調べる必要はないでしょうか。

**A** ‥‥‥‥‥‥‥‥‥‥‥‥‥‥‥‥‥‥‥‥‥‥‥‥‥‥‥‥‥‥‥‥‥
紙でしか刊行されない雑誌が存在するため，及び商用データベースを

契約しても最新号を発売日に読めないというタイムラグがあるため，紙の雑誌も重要です。

**解　説** ━━━━━━━━━━━━━━━━━━━━━━━━━━━━━━

## 1　紙でしか刊行されない雑誌

法律文献専門のデータベースの内容はますます充実してきています。そこで一部の人は，紙の雑誌がなくともきちんとデータベースを購読すればリーガルリサーチを済ませることができるのではないか，と思うかもしれません。

しかし，残念ながらそれは誤解です。様々な「紙でしか刊行されない雑誌」があります。そこで，そのような雑誌は定期購読するか，書店で買うか，図書館で借りる必要があります。この点については，§45～§48を参照してください。

## 2　タイムラグ等

また，タイムラグの問題があります。つまり紙の雑誌は最新号が書店に置かれているものの，その内容がまだデータベースに収録されていない場合があります。データベース次第ではほぼタイムラグがないこともありますが，基本的にはデータベースに収録されるまでに数か月ほどのタイムラグがあり，データベースによっては数年遅れることがあります。

さらに，長年にわたり刊行されている雑誌については，古い号がまだデータベースに収録されていないという問題もあります。

主要法律雑誌を購読し，各号が届く度にザッと目次を確認しておくことができれば理想的ですが，それを常に行うことができる人は多くないかもしれません。

### §69　論文が見つからない

**キーワード**【論文データベース】

**Q**

ある論点についてリーガルリサーチをしていますが，その論点について述べた論文がどうしても見つかりません。どのように探せばよいでしょうか。

**A** ••••••••••••••••••••••••••••••••••••••••••••••••••••••••

時期的に早すぎる場合と，タイトルと論文の内容が異なっている場合があります。この場合の探し方としては，主要雑誌の最新号を確認する，タイトル以外で探す，人に聞く等があります。

## 解 説

### 1　時期的に早すぎる

ここでいう「早い」は，例えば最新の問題意識であり，まだ誰も論文化していないという意味です。もしそうであれば，「探せない」ということではなく，そもそも「存在しない」ということになります。

しかし，例えば既に最新号には掲載されているが，文献情報としてはまだ未掲載等の場合もあります。主要雑誌の最新号の目次を見ると，求めていた論文が出てくることもあります。

### 2　タイトルだけで探さない

タイトルはもちろん第一の検索方法ですが，タイトルと内容が違うことがありますし（「おいしい中華粥の作り方について」というタイトルで法律論について語る等，論文は一般的にタイトルが書籍より柔軟であるといえます。），論文集は中身の各論文のタイトルが検索対象でないこともあります。

そこで，例えば，キーワードを変える，芋づる式検索（→§49），その分野の大家を「人」で検索する（→§66）等，現時点で関係あると思い込んでいるキーワードにこだわりすぎないことが重要です。

### 3　人に聞く

最後は目の前のリーガルリサーチに有用な論文が何か論文はないか，人に聞く（→第9章）しかないでしょう。

## §70　論文以外の有用な資料

**キーワード**【新聞】【刑事弁護系データベース】【エッセイ】【予稿】

**Q**

法律書・裁判例・論文以外に調べるべきオフラインor有料データベース上の資料はありますか。

**A**

新聞・雑誌記事，刑事弁護系のデータベース，エッセイ・コラム・座談会資料，学会予稿集等があります。

## 解 説

### 1　新聞・雑誌記事

まず，新聞や雑誌に専門家のインタビューやコメントが掲載されることがあります。もちろん，専門家のコメントとされるものがどこまで掘り下げているものかというと，一般向けであるという制約のため，浅い内容にとどまることも多いですし，根拠が明記されていないことも多いといえま

す。

　その意味では十分に留意が必要ではあるものの，リサーチのきっかけにはなりますし，事実関係の調査には役立つことがあります（→§87）。

　なお，各社が商用データベースを運営していますが，例えば朝日新聞デジタルselectでは朝日新聞デジタルの記事が全部は掲載されてない等，網羅性に課題があります。また，そもそも廃刊雑誌等はデータベース化されてないことがあり，大宅壮一文庫のような雑誌図書館を利用すべき場合もあります。

## 2　刑事弁護系のデータベース

　現代人文社・TKC提供の「刑事事件量刑データベース」や刑事弁護フォーラムのデータベース等の刑事弁護系のデータベースや，裁判員裁判事件受任時のみ使える裁判所のデータベースがあります。

## 3　エッセイ・コラム・座談会資料

　エッセイ・コラム・座談会資料は論文ではないため，基本的にはそれぞれの発言の根拠が事細かに示されるものではなく，自説の結論のみを述べることが多いです。そのため，そこから更に細かい根拠を調べることが困難であることが課題です。とはいえ，アイディアレベルの話を知ることで，例えば「最新の問題に関して，どういう法的問題があるのか」を広く浅く収集したいといった場合には役に立ちますし，高名な実務家が「実務ではこう回している」と説明していることをきっかけに調査を深めることができることがあります。

## 4　学会予稿集

　論文の中でもまだ「生煮え」のことが多いのが学会報告の予稿です。ただ，それが結実して論文になるまで時間がかかり，また，そもそも論文という形に結実しないこともあるので，リサーチにどうしても必要な場合は予稿を参照せざるを得ないこともあります。

## Column 7　論文のリサーチの例

### 1　調査官解説

　論文としては，実務論文（Column 1 の 2⑵参照）のうちの信頼できる著者が書いたものや，学者の論文のうち一部の実務の問題意識に即したものがあります。ただし，実務上一番大事な論文は判例評釈，とりわけ，最高裁判例について調査官が作成した判例評釈である調査官解説です。

　ある特定のリサーチを行う際に，例えば，リサーチを必要とする目の前の事案に関係する最高裁判例があるということがわかったとしましょう。例えば，Column 4 で述べた，最三小判令和 6 年 3 月26日（事件番号：令4（行ツ）318号）については，その約 1 か月後である同年 4 月時点において調査官解説が公表されていることはあり得ません。しかし，一定以上前，例えば，1 年くらい前の判例であれば，ジュリスト「時の判例」にその事件に関する解説が掲載されている可能性があり，2 年以上前の判例なら法曹時報にその事件に関する調査官解説が掲載されている可能性があります。

　もちろん，更に古い判例になると，当該判例そのものの先例性が揺らぐことや，重要な下級審の判決等が出ることによって，実務上のより重要な参照対象が変化することがあり得るでしょう。もっとも，そのような調査官解説の意義を揺るがす事態が発生していない限り，なお調査官解説は重要です。また，少なくとも，当該判例が下された時点におけるほぼ全ての重要な議論を網羅した文献であることは間違いありません。そこで，調査官解説の内容を把握することは，その調査官解説を起点として，それ以降の文献をいわば「差分」として調べればよい点においても有用性があるでしょう。だからこそ，実務上調査官解説はリサーチの対象として非常に重要です。

　もちろん，調査官解説はあくまでも当該判例に対する調査官の意見にすぎず，決して法廷意見に代わるものではありません。その意味では，調査官解説の示す解釈，とりわけ，判例のレイシオデシデンダイ以外に関する言及をどこまで信頼すべきかという点が問題となることはあります。そうはいっても，そのような，実務を回す上で調査官解説に依拠することができない状況はある意味では「応用問題」であり，少なくともリーガルリサーチの入門を内容とする本書の範囲においては，調査官解説はなお重要です。

## 2　声のパブリシティ権？

> 事例：A社では，有名人の声をAIで合成して，（当該有名人の名前や
> 肖像を利用せず，）広告動画等に利用するサービスを始めようとして
> います。A社法務パーソンのあなたは，この企画のコンプライア
> ンスチェックの依頼を受けました。チェックのためにどのような
> リサーチをすればよいでしょうか。

　例えば，有名人が歌を歌っている音声をそのまま広告動画に利用すれ
ば，曲や詩に関する著作権や，有名人本人の実演家としての著作隣接権
（ただし，実務上はいわゆるワンチャンス主義（著作権法91条2項）の適用可能性に
留意すべきです。）が問題となり得ます。また，有名人の肖像を広告動画
に利用すれば，肖像権も問題となります。

　ただ，今回はそのような場合ではないわけです。つまり，例えば著作
権フリーの歌をAIで合成した有名人の声で歌わせるとか，自社で考え
た広告コピーをAIで合成した有名人の声で喋らせ，その有名人の名前
や肖像は利用しないといったことが想定されています。

　この場合，どのようにリサーチすべきでしょうか。基本的には，有名
人を広告に利用するということで，有名人が持つ顧客吸引力を用いると
して，パブリシティ権が問題となり得ます。パブリシティ権は条文には
ないものの，最一小判平成24年2月2日民集66巻2号89頁（ピンク・レ
ディー無断写真掲載事件判決）が，「人の氏名，肖像等（以下，併せて「肖像
等」という。）は，個人の人格の象徴であるから，当該個人は，人格権に
由来するものとして，これをみだりに利用されない権利を有すると解さ
れる」とした上で，「肖像等は，商品の販売等を促進する顧客吸引力を
有する場合があり，このような顧客吸引力を排他的に利用する権利（以
下「パブリシティ権」という。）は，肖像等それ自体の商業的な価値に基づく
ものであるから，上記の人格権に由来する権利の一内容を構成するもの
ということができる。」としました。そして具体的規範として，「肖像等
を無断で使用する行為は，①肖像等それ自体を独立して鑑賞の対象とな
る商品等として使用し，②商品等の差別化を図る目的で肖像等を商品等
に付し，③肖像等を商品等の広告として使用するなど，専ら肖像等の有
する顧客吸引力の利用を目的とするといえる場合に，パブリシティ権を
侵害するものとして，不法行為法上違法となると解するのが相当であ
る。」としています。

　つまり，「人の氏名，肖像等」について，「専ら」それが「有する顧客吸引力の利用を目的とするといえる場合」には，その人の「パブリシティ権を侵害するものとして，不法行為法上違法」となるのです。

　ここで，本件では氏名も肖像も利用されていません。よって，「人の氏名，肖像『等』」（強調筆者ら）がどの範囲まで広がるか，具体的にはAIで合成された音声まで広げることができるかが重要な解釈問題となります。

　そして，同判決の調査官解説（中島基至『最高裁判例解説 民事篇 平成24年（上）』18頁以下）は「本判決の3類型にいう「肖像等」とは，本人の人物識別情報をいうものであり，例えば，署名，声，芸名等を含むものである。」としています（同41頁）。つまり，「声」が明確にパブリシティ権の対象に含まれていると調査官解説に記載されているのです。

　もちろん，ピンク・レディー事件判決のレイシオデシデンダイはあくまでも「人の氏名，肖像等」を一定の場合にパブリシティ権の対象にするということにすぎず，調査官解説は，この判例の規範における「等」に関する1つのあり得る解釈を示したにすぎません。

　もっとも，実務的には，これをきちんと踏まえながら，パブリシティ権侵害のリスクをどうすれば実務上無視できる程度まで減らせるかを検討する必要があるでしょう（なお，荒岡草馬ほか「声の人格権に関する検討」情報ネットワーク・ローレビュー22巻24頁https://www.jstage.jst.go.jp/article/in-law/22/0/22_220002/_article/-char/jaも参照）。

## 第8章　パブコメその他の情報の探し方

### §71　政府のサイトの有用な情報

**キーワード**　【パブリックコメント】【通達】【ガイドライン】
【Q&A】【グレーゾーン回答】【報告書・白書】
【ひな形】【広報用資料】【審議会資料】

**Q**

　政府・官公庁のサイトには，パブリックコメント等リーガルリサーチ
において有益な情報が含まれていると聞きました。具体的にどのような
情報が有益ですか。

**A**　・・・・・・・・・・・・・・・・・・・・・・・・・・・・・・・・・・・・・・・・・・・・・・・・・・・・・・・・・・・・・・・・・

　パブリックコメント，通達・ガイドライン，Q&A，グレーゾーン回
答，報告書・白書，ひな形，パンフレット・広報用資料，審議会資料，
立法説明，手続説明，事例等，有用な情報が豊富です。

**解　説**

### 1　政府のサイトは有用であること

　政府，特に問題となっている法令の所轄官庁のサイトは，様々な情報を
提供しており，リーガルリサーチの有用な情報源です。

　具体的な内容は以下で説明しますが，全体に共通する利用における注意
点としては，(1)情報が豊富すぎて探しにくいこと，(2)時期や位置づけが重
要なことが挙げられます。

　(1)　情報が豊富すぎて探しにくいこと

　例えば経済産業省所轄法令についての情報を探そうとしても，同省のサ
イトには膨大な情報があります。経済産業省の公式サイトのトップページ
からリンクをたどっていって探すのは非現実的で網羅性もありません。そ
こで，サイト限定検索，つまり「site:」の後に検索対象となるURLの範囲
を記載する（「site:go.jp」であれば政府サイトのみ，「site:meti.go.jp」であれば経済産
業省サイトのみが出てくる等）を利用しましょう。

　なお，共管官庁や外郭団体にも重要なサイトがあるところ，外郭団体等
はそれぞれURLが異なるので，例えば探しているのが貿易管理ならCIS-
TECのサイトも探さなければなりません。その官庁のサイトからリンク
が貼られることが多い（例えば安全保障貿易管理のホームページ（https://www.
meti.go.jp/policy/anpo/link.html））ものの，「輸出管理　団体」で検索する，

## 71

Wikipediaの外部団体リンク集（https://ja.wikipedia.org/wiki/外郭団体）を参照する等，試行錯誤を重ねるべきでしょう。

（2）　時期や位置づけが重要なこと

　例えば，法制審議会資料は立法経緯を理解する上で重要ですが，逆に言えば「立法過程で採用されなかった考え」が記載されていることもあります。また，作成時期が古い場合には，その後法令や解釈が変わっているかもしれません。

　検索して出てきた資料について位置づけを理解できるよう，「どこにあるか」を確認すべきです。例えば，貿易管理で令和2年最終改正と記載のある通達が出てきたら，その通達のURLを，URL末尾から上にかけて，「Forbidden」にならない範囲まで削っていくと「meti.go.jp/policy/anpo/」と，安全保障貿易管理のページが出てきて，そのページにある「関連法令」内を探すと実はその後令和4年に改正されていたことが分かる場合があります。このように，特定の資料が出てきて終わりではなく，その後の位置づけを確認する追加リサーチが重要となります（過去の特定時点における状況のリサーチの場合は当該特定時点の通達を探すべきです。この点は，§32も参照してください。）。

## 2　パブリックコメント

　政令，規則，ガイドライン等について，パブリックコメントとして国民の意見を聞いた上で，主務官庁がフィードバック（パブコメ回答）します。本書で「パブコメ」というときはこの回答部分を指します。もちろん「意見として承った」等のあまり意味がないものもありますが，少し踏み込んだ回答もあり，特に改正直後の信頼できる書籍等が出版される前においては参考になります。パブコメは，e-Gov上にありますが，その分類は，募集中，結果公示中，古いもの等となっており，探しにくいです。LEGAL LIBRARY（→§43）は，分野は限られますが，金融・情報等一部分野のパブコメを分かりやすく整理しているので有用です。

## 3　通達・ガイドライン，Q&A，グレーゾーン回答

　通達・ガイドライン等は，場合によっては条文のように扱うこともありますが（→§31），法令の条文の細かい解釈を明らかにしているという意味では，まさに「根拠」として，条文を起点としたリーガルリサーチにとって有用です。なお，分野によりますが，有名な通達には俗称がついていることがあります（例えば，輸出管理の「外国為替及び外国貿易法第25条第1項及び外国為替令第17条第2項の規定に基づき許可を要する技術を提供する取引又は行為について」（役務通達）や「大量破壊兵器等及び通常兵器に係る補完的輸出規制に関する輸

出手続等について」（補完規制通達）等）。そのため，ピントの外れたリサーチ結果を提出すると上司に「役務通達見てないの？」などと言われることがあります。

　探し方として，まずは，その条文を具体化する通達・ガイドライン，Q＆A，グレーゾーン回答があるか，あるとしたらどこにあるかを把握しましょう。最近は所轄官庁の当該法令のページにまとめることが増えていますが，まとめられていない場合もあるため，省庁別の通達データベースを確認する必要があり，また，そのデータベースも網羅的でないことがあります。なお，企業が商用データベースとして労働通達データベースを提供していたり，また，通達集が書籍として発売されていたりします。

　グレーゾーン回答については，主なものは経済産業省サイトに掲載されていることがありますが，所轄官庁サイトにしか掲載されていないものもあります。

## 4　報告書・白書，ひな形，パンフレット・広報用資料，審議会資料，立法説明，手続説明，事例等

　上記2，3以外の法令や実務上の取扱いに関する省庁の情報は基本的に全てこのカテゴリーに入ります（なお，逐条解説については§41を参照してください。）。

　(1)　報告書

　報告書は，会議体や委託先のコンサル・外郭団体等が作成することが多いですが，官庁が作成することもあります。公開される資料の形式の多くはPDFファイルですが，パワーポイント形式の概要が作成されることもあります。

　(2)　白書

　白書は，あるテーマについての政策や統計データ等をまとめた資料であり，毎年公開されます。青書（外交青書）等も同じ類型です。

　(3)　ひな形

　ひな形は，契約書や申請書等の書式とその記載例を指します。許認可を取得するようなケースでは，そのひな形どおりに記載して申請することが早期の許認可の取得につながります。なお，契約書ひな形は便利ですが，政策との関係に留意すべきであることは(8)で後述のとおりです。

　(4)　パンフレット・広報用資料

　パンフレット・広報用資料は，複雑な法令と実務の「さわり」を数ページでカラーや図解等を使って分かりやすく示したものです。あくまでも「さわり」ですからこれだけでリサーチが完結することはありませんが，

そもそも「とっかかり」がない場合には，このような資料で法や実務の大枠を理解することが重要です。

(5) 審議会資料

審議会資料は，審議会等の様々な会議体の資料として，構成員や非構成員の有識者，事務局等が作成したものです。質の高いものも多いですが，特定の立法等に向けた準備等の政策目的と関係するので，例えば「○○法では△△が規制されていない」という記載があっても，その意味は「その審議会で議論して○○法を改正して△△を規制しようとしている」ということである場合があり，皆様がリーガルリサーチを行う時点では既に改正法が施行され，△△が規制されていることがあり得ます。

(6) 立法説明

立法説明は，いわゆる「ポンチ絵」（一枚のパワーポイントに曼荼羅のようにいろいろな情報を詰め込むもの）のようなものが多く，読みにくいものの，ある意味では要点が一覧化されているともいえます。場合によっては，立法説明が逐条解説（→ §41 ）の形でまとめられることがあります。

(7) 手続説明

手続説明は，例えば裁判所の裁判手続説明等があります。

(8) 政策目的との関係に留意すべきこと

ここで，政策目的実現のためにこれらの資料が作られていることには十二分に留意が必要です。例えば，実務で行われていない内容について，「今後これを実務にすることで政策を実現する」としてひな形が提示されることがあります。具体例を挙げると，近時のスタートアップと大企業の契約関係の報告書やひな形は，スタートアップに有利な条項が入っており，確かに「スタートアップ支援」という国策の実現のためには有益ですが，現在の一般的実務のありのままを描いたものではないこと等があり，留意が必要です。

## §72　法律事務所等の情報

キーワード 【ニュースレター】【ガイドライン】【PDF検索】

**Q**

リーガルリサーチで法律事務所や協会・団体等の発信する情報に行き当たりました。これらはリーガルリサーチに使えますか。

**A**

ニュースレター，ガイドライン，報告書，セミナー資料，無料又は会員制法情報（オウンド）メディア等には有用なものもありますが，記載

の根拠が重要です。また，PDF検索で資料を絞り込むことも有益です。

**解　説**

### 1　根拠の重要性

　様々な法律家や協会・団体等が，法実務情報を様々な形で公開しています。例えば，法律事務所ニュースレターや，協会のガイドラインや報告書，セミナー資料や法律系メディアの記事などです。

　これらについては，内容は玉石混交であり，基本的には「根拠の部分が重要」です。結論だけが記載されていたり，理由が付されても根拠となる文献の引用がなかったりすれば，少なくとも「有用な実務書や実務家論文のレベルの検討はされずに作成されたもの」との推認が働くでしょう。例えば，条文や（裁）判例の文言が引用されずに漠然とした議論が進むとか，脚注や文末注が極端に少ないものは，どこまでリサーチをしてその文章を作成したかが疑わしいため，リーガルリサーチの対象からは外すべきです。

### 2　ニュースレター

　法律事務所が，自分の事務所が力を入れている分野の法情報を，ニュースレターという形で定期的に，又は，臨時に発行することがあります。その内容は玉石混交で，単に「誰でも知っている当たり前のことをなぞっている」ことも多いものの，その当たり前のことを根拠を付して確認するニュースレターは，そこから根拠文献に飛ぶことでリサーチに使える部分があります。

　一部のニュースレターは誰でも読めるのではなく購読制ですので，購読をしておくと，必要となったときに関係するものを調べることができ，有益なことがあります（ただし，購読は企業所属の法務パーソンに限られ，法律事務所所属の弁護士の購読は断られる場合があります。）。

### 3　ガイドライン，報告書等

　協会や業界団体がガイドライン，報告書等を公表する場合があります。それぞれの組織にはコストをかけてそのような文書を公表するだけの理由があり，例えば，特定の政策を実現するための「ポジショントーク」である場合もあることには留意が必要です。とはいえ，（現実に行われている実務そのものかはともかく）ベストプラクティスを明らかにするというものは多いため，一定程度参考になります。

### 4　セミナー資料

　法律事務所や協会や業界団体等が行ったセミナーの資料が公開されることがあります。パワーポイント全体が公開される場合もあれば，レジュメだけの場合もある等形式は様々ですが，内容が有益である可能性がありま

## 73

す。とはいえ，セミナー開催の時点での最新の話題を取り上げていること
もあり，書籍・論文と異なり，一般には情報が薄く，詳細な根拠が示され
ない傾向にあります。

### 5　無料又は会員制法情報（オウンド）メディア

　セミナー会社のメディアや，リーガルテック企業のオウンドメディア等，
無料又は会員制法情報（オウンド）メディアが増えてきました。基本的に
は，メディア又は著者に商売っ気があることが多いため，十分注意が必要
ですが，玉石混交という意味では他のメディアとそこまで変わらないかも
しれません。

### 6　PDF検索

　最後に，PDF検索について述べます。Googleでは「filetype:」の後に
ファイルの種類を明記することでその種類のファイルのみを検索する機能
があり，「filetype:pdf」とすれば，PDFのファイルのみが検索されます。
もちろん，PDFなら有用でそれ以外が無意味ということではないものの，
一定程度の絞り込み効果が見られます。なお，PDFファイルはプロパティ
に作成時期などの情報が含まれることがあるので，PDFファイルをダウ
ンロードしたらそのプロパティを確認すべきです。

### §73　ブログやホームページの活用

**キーワード**【あたり】【ブログ】【ホームページ】

**Q**
　リーガルリサーチでブログやホームページ等の法律情報に行き当たり
ましたが，これは「あたり」（→第3章）をつけるためだけに利用すれば
よいでしょうか。

**A**
　多くは「あたり」（→第3章）をつけるのに利用するというレベルです
が，筆者によってはより先の段階のリサーチにおいても有用です。

**解　説**

　§3で述べたとおり，インターネット上の法律情報は，「あたり」（→第
3章）をつけて条文を特定する上では役に立ちますが，リーガルリサーチ
の対象となる「根拠」にはならないことが多いといえます。

　とはいえ，これは一般的な傾向であり，非常に有用な発信をしている弁
護士等も一部存在します。そのような有用な発信をしている人を探し，見
極めることが重要です。特に，玉石混交の中でも「玉」に位置づけられる
法律書や論文等を執筆している「信頼できる著者」であれば，その著者の

提供する法律情報が有益である可能性は高いといえるでしょう。

　加えて，SNSを利用して，有用な発信をしている人をフォローすれば，特に何か調査をしなくても，自動的に情報が集まるようになります。SNSで見知らぬ第三者と「交流」することが怖いという人も，SNSを，このような意味でパッシブ（消極的）な情報収集のために利用することが考えられます。

## §74　ホームページが消えた

**キーワード**　【ホームページ】【Internet Archive】【WARP】

**Q**

　インターネット上の有益な情報の存在を知っていたので，今回またその情報を検索しようとしたら，なぜか消えてしまっています。どうすればよいでしょうか。

**A** ••••••••••••••••••••••••••••••••••••••••••••••••••••••••••••••

　Internet ArchiveやWARPを使いましょう。

**解　説**

　§71〜§73のとおり，インターネット上の情報の中には有益なものも存在するものの，インターネット上の情報は「昨日あっても今日あるとは限らない」，「昨日の内容と今日の内容が同じとは限らない」という側面があります。これに対する王道の対応は，PDF等の形でアーカイブを取得することですが，毎日全てのサイトに対してアーカイブを取得することは，個人レベルでは到底できるものではありません。

　ここで，海外の非営利団体Internet Archiveが保存している様々なアーカイブを閲覧できるWayback Machineというサービスを活用することが考えられます。残念ながら「まさに欲しいページ」がアーカイブの対象外だったりすることもあるので，決して万能ではありませんが，試す価値はあります。

　また，WARPは国立国会図書館インターネット資料収集保存事業で，2002年以降の約20年以上の官公庁を中心とするウェブサイト情報を公開しています。いわゆる官公庁の情報はパブコメ等，リーガルリサーチで広く利用し得る（→§71参照）ところ，現時点では官公庁のサイトから消えてしまっている情報もWARPの利用により，ある程度収集可能です。

## §75　情報公開制度の活用

**キーワード**　【内閣法制局】【情報公開制度】

**Q**

リーガルリサーチにおいて，情報公開制度は使えますか。

**A** ●●●●●●●●●●●●●●●●●●●●●●●●●●●●●●●●●●●●●●●●●●●●●●●

リーガルリサーチをするたびに利用するようなものではありませんが，国や自治体の保有する情報を得ることができ，有用です。

**解　説**

　情報公開法や情報公開条例に基づく情報公開（個人情報保護法に基づく自己情報開示等請求制度は，少なくとも「リーガルリサーチ」には使えないので，除外します。）を通じて，国や自治体の保有する情報を得ることができます。

　例えば，新法や改正法のリサーチの際の立法の経緯や立法担当者の解釈を理解する上で内閣法制局折衝資料は非常に重要で，最近では重要な立法について解説をする際に，これを情報公開で取得して参照する人が増えています。ただし，申請から開示を受けるまで時間がかかるので，簡単なリサーチにおいて利用することはできないでしょう。

　なお，大阪弁護士会所属の山中理司弁護士（https://www.yamanaka-law. jp）は，特に司法制度に関する情報公開を積極的に実施して内容をブログ上に公開されており（https://yamanaka-bengoshi.jp/），頭が下がります。

## §76　有価証券報告書の活用

**キーワード**　【リスク管理】【有価証券報告書】【不祥事】

**Q**

リーガルリサーチにおいて，有価証券報告書その他企業の発信する情報を活用することはできますか。

**A** ●●●●●●●●●●●●●●●●●●●●●●●●●●●●●●●●●●●●●●●●●●●●●●

有価証券報告書等や不祥事等の情報は，リーガルリサーチにおいて有用な場合があります。

**解　説**

### 1　有価証券報告書等

　金融商品取引法等に基づき，有価証券報告書等（その他の法律や上場規則に基づく開示を含む）においてリスクを開示すべきであるとされています。同業他社（新規ビジネスなら当該ビジネスを先に行っている他社）がそのビジネスについてどのようなリスクがあると考えて開示しているのかは，リーガルリ

サーチにおいて網羅性を確保する上で一定程度参考になる場合があります。例えば，同業他社複数社の有価証券報告書におけるリスクに関する記載を踏まえ，多くの会社に当てはまるリスクに対応できているかや，一部の会社のみが記載しているリスクはなぜ当該企業の報告書において記載されるに至ったか，その理由は自社にも当てはまるのではないか等を考えることが有益な場合があります。

### 2　不祥事等

　他社において先行して法的リスクが顕在化した結果として不祥事が生じた場合，調査報告書を作成したり，公表したりします。その内容は，自社が同様の法的リスクを検討するというシチュエーションのリーガルリサーチにおいては重要ですし，また，複数社の公表を比較することで，「この規模の不祥事となると公表することがよく見られる」等，社内における公表の要否の判断をする上でも参考になります。特に，他社で重大なトラブルが発生して広く報じられている場合，「自社は大丈夫なのか」，「同じようなことが起こらないための措置は講じられているか」，「当然やるべきことで自社も足りないところはないか」等という観点で確認することが重要であるところ，調査報告書の記載を基に，自社で点検を行うことは，同種事案を自社で発生させないためにも有益です。

## §77　統計データの活用

**キーワード**　【司法統計】【e-Stat】【PIO-NET】

**Q**

リーガルリサーチにおいて，統計データを活用することはできますか。

**A**

　司法統計，e-Stat，PIO-NET，白書類，協会・業界団体，民間企業等の統計データが参考になります。

**解　説**

　それがリーガルリサーチの定義に入るかはともかく，リスク管理を実施する上で，統計データも重要です。例えば，同類型の裁判の件数，事件に関する統計を知ることで，リスク管理に役立てることができます。

　裁判所でどのような類型の事件がどの程度の数審理され，そのうち判決に至るものがどの程度の割合で，勝訴・敗訴がそれぞれどの程度の割合か等を調べたい場合，まずは，司法統計（https://www.courts.go.jp/app/siho-tokei_jp/search）を活用することができます。

　政府統計ポータルサイトはe -Stat（https://www.e -stat.go.jp）ですが，弁

護士・法務パーソンにとっては，PIO-NET等の個別の事例データベース等が参考になることが多いかもしれません。PIO-NETは，全国消費生活情報ネットワークシステムであり，消費生活センターの消費生活相談員が記録した苦情相談情報が蓄積されています。そのうちの一部は消費生活相談データベース（https://datafile.kokusen.go.jp）として公開されており，一般の人でも検索可能です。また，消費者庁が，PIO-NETを主な情報源として，事故情報データバンクシステム（https://www.jikojoho.caa.go.jp/ai-national/）を運営しており，生命・身体被害に関する消費生活上の事故情報を公開しています。

白書・青書（→§71）にも，統計データ等が引用されています。同様の資料は協会・業界団体も作成しています。

民間企業，例えば調査会社やコンサル等も統計データを公表しています。ただし，ウェブアンケートに基づいて作成された資料等の中には信用するに値しないものがあります。

## §78 規格・基準の調査

**キーワード** 【JIS規格】

**Q**

リーガルリサーチにおいて，規格や基準を調査する必要はありますか。

**A**

仕様を規格や基準に委ねている場合，黙示の慣行となっている場合等，規格や基準をリーガルリサーチの対象とした上でリスク管理を実施すべき場合はあります。

**解 説**

例えば，契約不適合が問題となる事案において，契約対象の商品・役務の仕様を規格や基準に委ねているのであれば，その規格・基準の内容が問題となります。また，その業界において一般に通用している規格・基準が黙示の慣行となっていることもあります。このように，規格や基準をリーガルリサーチの対象とした上でリスク管理を実施すべき場合はあります。

インターネット上で閲覧できる規格・基準は多数存在します。日本語で入手できるものに食品，添加物等の規格基準を食品別に掲載したもの（https://www.mhlw.go.jp/stf/seisakunitsuite/bunya/kenkou_iryou/shokuhin/jigyousya/shokuhin_kikaku/index.html），土木工事施工管理基準及び規格値（https://www.ktr.mlit.go.jp/ktr_content/content/000879716.pdf）等があります。英語版を「filetype:pdf」検索で入手できるものもあります。

　JIS規格は日本産業標準調査会のサイトにログインをすることでPDFの
閲覧をすることが可能です。ただし，サイト上においてJISの閲覧は可能
ですが，印刷・購入はできません。

　ISO規格等は和訳が一定の時間をおいて発行され，日本規格協会グルー
プのサイトで検索することができますが，基本的には有償になります。

## §79　インターネットの情報収集の方法

### 〔キーワード〕【インターネット検索】

**Q**

　リーガルリサーチのため，インターネット上で情報を探そうとしてい
ますが，有益な情報を探すことができません。どうすればよいでしょう
か。

**A**

　「" "」でキーワードを囲う，正確な法律の文言を利用して検索する等
の対応をしてみてください。それでも見つからなければ，最後は調査方
法を変えたり人に聞いたりするしかないでしょう。

### 〔解　説〕

#### 1　はじめに

　「site:go.jp」検索（→§71），「filetype:pdf」検索（→§72），データが消え
た場合（→§74）等について触れていますので，それ以外の対応について
検討します。本項では基本的にはGoogleで検索することを想定していま
す。

#### 2　「" "」でキーワードを囲う

　基本的には，Googleは類義語だと考えるものを勝手に含めたり，場合に
よっては関連性が低いと判断したキーワードを勝手に無視したりします。
確かに類義語を含めて検索してくれることは「あたり」をつける際にはあ
りがたい面があります（→§25）。しかし，既にキーワードが特定されてい
るのに，それと異なるキーワードの検索結果を出されることは「ノイズ」
でしかない場合もあるでしょう。

　そこで，「" "」でキーワードを囲うことで，検索結果にそのキーワード
を含むことが必須となりますので，これによって無関係の資料が検索結果
に出てくることを防ぐことができます。

#### 3　正確な法律の文言を利用する

　リーガルリサーチの際の「根拠」になる文献のほとんどが正確な法律の
文言を利用しており，そうではない表現を用いているサイトは参考になら

ないことが多いといえます。よって，法律の正確な文言を「""」で囲んで検索することで，ある程度の選別をすることができます。

### 4　調査方法を変える・人に聞く

それでも発見できなければ，調査方法を変え，書籍，有料データベース，法律雑誌等で探したり，人に聞いたりするしかないでしょう。

### §80　英語の日本法情報

**キーワード**　【英訳】【Japanese Law Translation】
【ジェトロ】

**Q**

リーガルリサーチの結果を英語で説明しなければなりません。英語の日本法情報の調べ方について教えてください。

**A** ••••••••••••••••••••••••••••••••••••••••••••••••••••••••

Japanese Law Translationやジェトロ等を参照しましょう。

**解　説**

### 1　英語の日本法情報

グローバル企業では日本法を英語で説明する必要があります。条文であればJapanese Law Translation（https://www.japaneselawtranslation.go.jp/ja）は一定以上使えます。しかし，翻訳に時間がかかっており，全法令の翻訳には程遠く，また，翻訳済みのものも最新改正が反映されていないこともよく見られる状況です。政令・規則等を含めれば未翻訳の法令の割合は更に増えます。最高裁はホームページで一部判例の英訳（https://www.courts.go.jp/app/hanrei_en/search）を公開していますが，網羅性は高くなく，翻訳の質も決して高いとは言えません。

### 2　英語の日本法実務情報

英語の日本法実務情報については，ジェトロがDoing Business in Japanのようなテーマで提供する情報は一定以上参考になることが多いです（https://www.jetro.go.jp/en/invest/setting_up/）。ただし，あくまでもジェトロの目的に沿ったものが主となっており，例えば外国企業が日本に投資する際に便利な情報の提供は積極的に行っていますが，決して日本の法実務情報を網羅的に英語で提供しようとしているものではありませんので，限界があります。

日本にオフィスを有する外資系法律事務所が，英語で日本法に関するニュースレターを出していることもありますが，この内容については，§72で述べたニュースレターと同様のことが言えます。

## Column 8　パブリックコメントのリサーチの例

### 1　パブリックコメントを利用してリサーチをしよう！

　本章ではインターネット等で入手可能な様々な資料につき，リサーチにおける重要性を説明してきました。以下では，それらの資料のうち重要なものの1つであるパブリックコメントについて，具体的にどのように利用してリサーチすべきかを説明します。

　パブリックコメントを利用することの有用性が特に高いのは，法令が成立した直後です。すなわち，その段階では，法律の施行以降にどのように実務を回していくべきかについての「手がかり」が（条文，パンフレット・広報用資料，審議会資料，国会答弁等しか）存在しないことが多く，事実上リサーチにおいて参照できる資料がパブリックコメントしか存在しないという場合があり得るのです。

　これに対し，当該法令の成立から時間が経てば経つほど，以下のようにパブリックコメント以外の形で実務が明確になることが多いので，そのような場合にはパブリックコメントの有用性は低くなります。

・所轄官庁がガイドラインを作成する
・所轄官庁が逐条解説を作成する
・実務解説を行う信用できる論文（例えば立法担当者の論文）が公表される
・コンメンタールその他定評ある書籍が出版される
・具体的な処分事例やグレーゾーン回答等が公表される

### 2　ステマ規制の例からパブリックコメントを利用したリサーチについて深める

　景品表示法については，西川康一編著『景品表示法 第6版』（商事法務，2021年）が立法担当行政官による解説書であり，最もオーソリティのある本と言えます。もっとも，同書は2021年出版であり，少なくとも本書執筆時点では，2023年成立のステルスマーケティング規制（以下「ステマ規制」とします。）に対応したアップデート版は出版されていません。

　そうすると，実務を回す上で主に参考にすべき資料は以下のものとなるでしょう（なお，「景品表示法とステルスマーケティング〜事例で分かるステルスマーケティング告示ガイドブック」（https://www.caa.go.jp/policies/policy/representation/fair_labeling/assets/representation_cms216_200901_01.pdf）は，これを基に実務を回すには内容が簡潔すぎますが，これからステマ規制を勉強したい担当者が規制内容を大雑把に理解する上では有用性があります。また，「ステルスマーケ

ティングに関する検討会　報告書」(https://www.caa.go.jp/policies/policy/repre-sentation/meeting_materials/review_meeting_005/assets/representation_cms216_221228_03.pdf) も必ずしもその報告書どおりの規制内容になっているとは言えませんが，一定程度は参考になります。)。

- 運用基準（「『一般消費者が事業者の表示であることを判別することが困難である表示』の運用基準」(https://www.caa.go.jp/notice/assets/representation_cms216 230328 03.pdf))
- パブリックコメント（「『一般消費者が事業者の表示であることを判別することが困難である表示』告示案及び『一般消費者が事業者の表示であることを判別することが困難である表示』運用基準案に関する意見募集の結果について」(https://public-comment.e-gov.go.jp/servlet/Public?CLASSNAME=PCM1040&id=235070044&Mode=1))

　もちろん，目の前の事案の問題点にピッタリあてはまる内容が運用基準に記載されているのであれば，それを参照すべきでしょう。一方で，運用基準では十分に明確ではない事項も存在するところ，このような点について実務を回す上では，パブリックコメントが参考になります。

　例えば，A社において，法務担当者のあなたが，マーケティング担当者Bから，「インフルエンサーとのコラボ企画の動画の冒頭だけに広告である旨を一瞬表示すればステマ規制対応として問題はないか」という質問を受けたとしましょう。

　まず，あなたとしては，上記の表示が運用基準でいうところの「事業者が自己の供給する商品又は役務の取引について行う表示」に該当するか（「運用基準」第2）を考えることになるでしょう。つまり，そもそもインフルエンサーが自分自身の考えとして，A社の商品を勧めるという実態があるのであれば，次に述べるステマ規制における広告である旨を明瞭にするべき義務の対象にはなりません。しかし，A社が表示内容の決定に関与したとされる実態があるのであれば，消費者にとってそれが広告であることが明瞭に理解できるようにしなければなりません。

　次に，仮にA社が表示内容の決定に関与したとされる実態があるとすれば，「一般消費者が当該表示であることを判別することが困難である」（「運用基準」第3）状況を回避するための措置，つまり，消費者にとってそれが広告であることが明瞭に理解できるようにするための措置を講じる必要があります。そこで，「運用基準」第3の関連する部分，つまり，どのように動画上で広告である旨を表示すればよいのかを確認することになります。そうすると，「動画において事業者の表示である

旨の表示を行う際に，一般消費者が認識できないほど短い時間において
当該事業者の表示であることを示す場合（長時間の動画においては，例えば，
冒頭以外（動画の中間，末尾）にのみ同表示をするなど，一般消費者が認識しにく
い箇所のみに表示を行う場合も含む。）。」（「運用基準」第3の1(2)ウ）という記載
が見つかるでしょう。もしこの範囲でアドバイスをするのであれば，そ
れが広告であると認識できる程度の時間きちんと広告だと表示する，か
つ，それを冒頭に表示するといった内容になるのではないでしょうか。

　ただ，このようなアドバイスではもしかするとマーケティング担当者
Bの期待に完璧に応えるという意味では不十分かもしれません。まず，
運用基準のいう「一般消費者が認識できないほど短い時間」というのが
どの程度かよく分かりません。また，運用基準がなすべきとする冒頭へ
の表示というのは，あくまでも例示にすぎません。つまり，運用基準は，
「長時間の動画においては，例えば，冒頭以外（動画の中間，末尾）にのみ
同表示をする『など』」（強調筆者ら）として，冒頭以外への表示が「一般
消費者が認識しにくい箇所のみに表示を行う場合」であると例示してい
るにすぎないのです。そうすると，（冒頭以外のみの表示のほかに）一体ど
のような場合が「一般消費者が認識しにくい箇所のみに表示を行う場
合」なのかが問題となるでしょう。

　そして，これら2点については，パブリックコメント（https://www.
caa.go.jp/notice/assets/representation_cms216_230328_04.pdf）のNo.145が一定
の回答を示しています。

　つまり，前者の秒数の点については「一般消費者が認識できないほど
短い時間」に関して，「時間の長さの目安を明らかにされたい。」という
質問に対して「例えば，典型的な事例としては，表示内容全体において，
事業者の表示であることを数秒程度しか表示しないことが考えられま
す。」としており，それを超える時間表示をする必要があることが明ら
かになります。

　また，後者の「一般消費者が認識しにくい箇所のみに表示を行う場
合」についても，「例えば，典型的な事例としては，数十分の動画につ
いては，冒頭を飛ばして動画を閲覧する一般消費者も考えられるところ，
動画の途中にも事業者の表示であることを明示するよう本運用基準にお
いて記載しているところです。」としています。

　実は，パブリックコメントのNo.145が念頭に置くと思われる「運用基
準」第3の1(2)ウは，上記のとおり「例えば，冒頭以外（動画の中間，末
尾）にのみ同表示をする」としているのみで，これは「動画の途中にも

事業者の表示であることを明示するよう本運用基準において記載している」とは言えないと思われるのですが，この点をおくとして，後者については，概ね（「運用基準」第2の検討の結果，「事業者が自己の供給する商品又は役務の取引について行う表示」に該当する，つまりA社の表示だとされたことを前提に，）以下のようになるでしょう。

　①　中間や末尾のみに表示すると，冒頭しか見ない視聴者はそれが広告だと分からないので，冒頭には少なくとも表示するべきである

　②　動画の途中等にも事業者の表示であることを明示することで，冒頭を飛ばす視聴者対応を行うべきである

　これらの知見は，運用基準だけでは判明せず，パブリックコメントを参照するリサーチを行ってはじめて得られることから，実務上はパブリックコメントをリサーチの対象としなければならない場合があるということです（つまり，既に定評のある書籍等が出ているのであれば必ずしもパブリックコメントを調べる必要がないものの，2024年4月時点のステマ規制のリサーチのように，定評のある書籍等が存在しない場合には，パブリックコメントの有無を確認しなければリサーチに関して必要な注意を尽くしたと言えない可能性があるということです。）。

## §81　どのような場合に人に聞くべきか

**キーワード**【人に聞く】【タイミング】

**Q**

　どのような場合にリーガルリサーチで人に聞くべきでしょうか。その際，何に留意すべきでしょうか。

**A** ••••••••••••••••••••••••••••••••••••••••••••••••••••••••

　他の方法で簡単にリサーチできない場合に人に聞くべきです。What／Why／Who／When／Howを明確にすることが大事です。

**解　説**

### 1　他の方法で簡単にリサーチできない場合は人に聞くべきであること

　基本的には，人に聞くというのは，その人の時間を自分のために使ってもらうということです。そこで，他の方法で簡単リサーチできるなら他の方法を使うべきでしょう。

　また，人に聞く場合でも，自分自身である程度考え，他の方法で調べることを試みた上で，それではうまくいかないから聞いている，という説明ができた方がよいでしょう。

### 2　What／Why／Who／When／How

（1）　What

　そもそも人に聞くことで何を知りたいのかを明確にしましょう。例えば調べ方を知りたいのか，「答え」そのものを知りたいのか，既に手元にある「答え」の可能性があると考えているものが適切か否かを知りたいのか等，「聞く目的」を明確にしましょう。

（2）　Why

　そして，その目的を達成する上で，「なぜ」今回人に聞くという手法が採用されるのかを明確にすべきでしょう。つまり，書籍，裁判例，論文，パブコメ等の他の方法で簡単にリサーチできるならそれらの方法を使うべきです。その意味では人に聞くという手法は補完的なものにすぎません。そこで，なぜそのような補完的手法を採用するのかを明確にすべきです。例えば，全く見当もつかない場合とある程度目処がついている場合では誰に聞くべきかが異なる（ある程度目処がついている場合は先輩等に聞けばよいでしょうが，全く見当もつかない場合には専門家に聞かなければならないかもしれませ

ん。）でしょうし，自分の回答に「お墨付き」をもらおうとしている場合には，その「お墨付き」の重要性・必要性によって聞くべき人が異なるでしょう（→§82も参照）。

(3) Who

目的と理由が明確になると，そこに自分や組織の人脈等を掛け合わせることで，ある程度誰に聞くべきかは見えてきます。資料の在りかは分かるけど自分にはアクセス権がないという場合にアクセス権を持つ人に調べてもらう，というのも誰に聞くべきかの一例です。

(4) When

聞くタイミングは重要です。例えば，人に聞く以外の方法で調べたものの，結局分からなかったので上司に聞こうと，「調べたけど分かりませんでした」と言い出したのが締切り直前のタイミングならば，上司からは否定的に評価されるでしょう。特に，部下が調べられなければ上司として調べる時間が必要であるところ，期限との関係でそのような時間がない場合には困ったことになります。同じ質問について同じ「分からない」という趣旨の質問でも，早期にリサーチの方法を相談することで，「よくぞ聞いてくれた」とむしろ評価が高まることはよくあります。

(5) How

そして，話の持っていき方も重要です。聞き方としては，面談，電話，メール，チャット等の方法があります。このようなメディアの使い分けについては第3弾Q88が参考になります。

どのように伝えるかについては次項を参照してください。

### 3　リサーチを頼んできた上司・先輩等に（主に調べ方のヒントを）聞く

なお，若手弁護士・法務パーソンは上司・先輩からリサーチを頼まれることが多いところ，その上司・先輩に「これは調査官解説（→§62）を読む感じでしょうか？」等と，主に調べ方のヒントを聞くというのは，少なくとも新人・若手のうちは頑張っていると肯定的に思われることが多いでしょう。

反対に，「自分の頭で考えず，何をすべきかを上司・先輩に教えてもらい，ただそれに従って手を動かすだけ」という態度を取ってしまえば，それは「手抜き」と評されるかもしれません。そして，このままでは，結局リサーチ能力はつかない，と思われてしまうでしょう。まずは主体的に仮説を立てた上で，その仮説について上司・先輩にヒントをもらうとか，その仮説に基づき試行錯誤しても上手くいかない場合にヒントをもらう等，その時点の自分の実力の範囲内でできるだけ主体的にリサーチを行う（姿

勢を見せる）ことも重要です。

## §82　行政に聞く

**キーワード** 【人に聞く】【逆バネ】【行政】【お墨付き】

**Q**

リーガルリサーチで答えが全く分からないのですが，当該法令の所轄官庁に聞いてもよいでしょうか。

**A** ……………………………………………………………………………

お墨付きを得ることが目的の場合には有益ですが，ダメと言われる「逆バネ」リスクを踏まえ，本当に聞くべきか否かを検討し，また聞き方にも留意しましょう。

**解　説**

### 1　なぜ行政に聞くのか

弁護士実務や企業法務において行政法の問題（なお，登記や供託等は，厳密には行政法であるかは問題ですが，ここではこちらも含めます。裁判手続は後述5のとおりです。）が頻繁に発生します。このような場合に，行政，とりわけ所轄官庁は，その法律を所管しているわけですから，一般には詳しいはずです（ただし，2年程度の頻度で異動があるため，その時の実際の担当者が詳しいかは事案によります。）。また，行政法違反に対する執行リスク検査や立入り調査権等を行使されるリスクを考えると，Aという行政法の所轄官庁に，Bについて適法か確認し，適法との回答を受け，そのことを記録して証拠化すれば，後に行政がBを問題視しても，（行政に対する，そして内部的な）説明方法としては有効です（いわゆる「お墨付き」効果）。

なお，顕名でノーアクションレターやグレーゾーン回答等の正式回答を得られれば，「お墨付き」効果としては最高といえます。ただ，そのような正式なプロセスを経る場合，手続は面倒で時間もかかります。例えば，顕名で相談をして回答をもらい議事録として証拠化する方法で代替せざるを得ないことはあるでしょう。また，簡単でよいので迅速な回答がほしい場合は匿名相談を行うべきですが，本当にそのような相談があったか，そのような回答があったか等が不明確になりやすく，「お墨付き」効果は低くなるといえます。なお，法務パーソンの場合は，顧問弁護士に，企業名・依頼者名を伏せて行政に相談してもらい，行政からの回答結果を踏まえて，意見書を作成してもらうよう依頼するなどの中間案もとり得ます。

### 2　逆バネリスク

行政への相談で最も懸念すべきは「逆バネ」リスクです。例えば，ある

地方の企業が当地の出先機関に「これは輸出の際にリスト規制の対象として許可が必要か」を尋ねたところ，「大丈夫かもしれないが，もし問題があればあなた方に対して厳しい罰則が適用されてしまう。だから我々としては許可申請を薦めるほかない」という回答されたため，泣く泣く許可申請をしたというような話があります（実話を元にしたフィクションです。）。

結局，許可が不要である可能性が高い場合であって，単に許可申請をしないという意思決定のために「お墨付き」をもらおうとしたところ，結果として「許可を薦める」と言われてしまい，むしろ「聞かなければよかった」となることがあるのです（なお，そのような状況は，行政の職員が，「後で何か問題となった場合に自分がお墨付きを与えたと言われるのは困る」という責任回避心理から対応する場合に典型的に生じます。もちろん，全ての職員がこのような対応をするわけではありませんが，行政に「気軽に相談」するという方針を採用すると遅かれ早かれこのような回答をされ困ることになるでしょう。また，「下らない」質問を行政にすることは行政リソースの無駄使いであることにも留意が必要です。）。

また，質問をしたことで，変に興味を持たれて，自社に対する検査や立入調査等を誘発することも，重要な「逆バネ」リスクです。

## 3 事前調査によるリスクの程度と「お墨付き」の必要性の程度に基づき，本当に聞くべきか，誰に聞くかを検討する

まずは，行政に聞く前に，自分で可能な限り調べることが必要です。例えば輸出規制におけるいわゆるリスト規制ならCISTECのパラメータシートがあるはずで，パラメータシートと注記，その他通達や書籍等に従って一つ一つ要件該当性を吟味していきます。その結果として，リスクが一定より低ければ，そもそも（少なくとも行政には）聞かない方がよいと判断されることが多いでしょう。

リスクが一定以上あるという場合でも，聞く相手が行政である必要があるのかが重要です。行政に聞く必要がなければ聞くべきではありません。

なお，例えば，許可申請が必要である場合には，いざ申請した際に許可が下りない等の大きなリスクが発現することを防ぐため，申請の際にどのような手続が必要かについて，事前に行政に相談しておくべきです。会社のパンフレット等を用意して相談に行き，これまでどのような堅実なビジネスをしてきたか，その許認可を受けることができた場合にどのようなビジネスをするつもりか等を説明して，情報を得ながら，信用を得ることができれば，申請後の許認可等の判断にも前向きに作用することが期待できるでしょう。

これに対し，顧問弁護士に聞くべき場合や（顧問弁護士以外の）その分野

に詳しい弁護士に聞くべき場合等も十分にあり得るでしょう。

　なお，行政の機関のうちどこに聞くかも問題となります。例えば，地元の自治体に権限が移管されていて，地方に出先機関があるという場合には，本庁も含め三つの選択肢があることになります。このような場合，リサーチの対象がマイナー法令ならば，自治体は執行経験が少なく知らないだろう，本庁には知識や経験が蓄積されているはずなので明確な回答が得られるのではないかという考えもありますし，また，特に顕名で相談するなら，自社に対しての信頼を得ている地元の方がよいのではないか等の考慮もあるでしょう。

## 4　どのように聞くか

　上記のとおり，「お墨付き」の効果が強く期待できるものほど面倒で時間がかかります。そのため，何らかの理由があって行政に聞く場合は，「お墨付き」の効果と時間のいずれを優先させるかについて検討した上で進めましょう。また，匿名で聞こうとしても「折り返す」と言われて，電話番号，自社の社名と個人名を伝える必要が生じることがあります。つまり，企業の場合には匿名相談を上手に行っても意味のある回答を得られることがあまり多くないため，顧問弁護士を通じた匿名相談（つまり法律事務所名や担当弁護士は顕名で，企業は匿名という方法）を選ばざるを得ないことがあります。

　なお，とりあえず匿名相談で進め，前向きな見解をもらったことを踏まえて顕名で相談して，議事録として証拠化するといったように段階的に対応する方向性はあり得ます。ただし，「匿名相談では，様々な相談者がいるので固い解答しかできない。むしろ最初から顕名で相談することで信頼関係に基づく回答が得られる」という考えもあるところです。このあたりは絶対的な「正解」はなく，個別の事情に基づく判断をすべきであり，組織的に対応する，顧問弁護士に行政とのコンタクト方法を相談するというやり方もあり得ます。

## 5　裁判所に聞く

　なお，裁判所は，内容面（どの証拠を基にどう主張すべきか）については基本的に何も教えてくれませんが，手続について書記官・事務官に聞くというのは有効です。その際は，丁寧に教示をお願いするというスタンスを取りましょう。

## §83　事務所内・社内の人に聞く

**キーワード**　【事務所内】【社内】【信頼】

**Q**

　リーガルリサーチで答えが全く分からないのですが，事務所内・社内の人に聞いてもよいでしょうか。

**A**　●●●●●●●●●●●●●●●●●●●●●●●●●●●●●●●●●●●●●●●●●●●●●●●●●●●●●●●●●●●●

　多くの場合に有用ですが，聞き方には十分に注意が必要です。

**解　説**

### 1　事務所内・社内の人に聞くことが有用であること

　同じ組織の仲間である以上，事務所内・社内の上司や先輩（ただし，部下や後輩でも知りたいことを知っていれば聞く価値がありますので，上司・先輩であることそのものに絶対的な意味はありません。そのため，「同僚全般」と考えた方がよいかもしれません。）に聞くことは，情報の守秘性などの状況がそれを許す限り，有用です。特に，同じ組織に所属していることから，信頼関係を持って踏み込んだ意見がもらえる可能性が高まることや，回答者として不誠実な態度を取ることによる質問者ひいては質問者の所属する部門やチームの信頼を失うリスクに鑑み，行政に相談した場合にあるような「逆バネ」リスク（→§82参照）が相対的に低いのではないかと推察されます（なお，そのような不誠実な対応を繰り返す回答者がいる場合には，組織が当該回答者に対応の変更を促すべきであり，もし質問者がバカを見るような組織であれば転職も視野に入れざるを得ないでしょう。）。

### 2　聞き方に注意が必要であること

　もちろん，行政への匿名相談（→§82）において敬意を持って誠実に接すべきであることは当然ですが，事務所内・社内の人に聞く場合には，同じ組織である以上，質問の仕方によって，回答者やその所属する部門・チームの「質問者に対する信頼」や「質問者の所属する部門・チームに対する信頼」が左右される点に留意が必要です。

　つまり，「What／Why／Who／When／How」（→§81）を踏まえた聞き方ができないと，何も考えずに聞いたがために質問者に対する評価がマイナスになるリスクがあるため，その点に留意して対応することが必要なのです。

## §84　その他の人に聞く

**キーワード** 【専門家】【レファレンスサービス】

**Q**

リーガルリサーチで答えが全く分からないのですが，行政でも事務所内・社内の人でもない，その他の人に聞いてもよいでしょうか。

**A**

専門家に聞いたり，レファレンスサービス等を利用したりすることは有用です。それぞれ聞き方にポイントがあります。

**解　説**

### 1　専門家

弁護士であれば事務所外の専門家に聞いたり，企業であれば顧問弁護士に聞いたりすることがあります。この場合，費用がかかること（顧問料の範囲でやってもらえる場合もありますが，業務が多いと顧問料値上げ等の話になりますので，決して「使い放題」ではないことに留意が必要です。）及び専門家が忙しいことに配慮が必要です。

すなわち，内部リソースであれば，基本的には，大きなコストを発生させずに専門的な知識を聞くことができてリーガルリサーチを進展させることができるところ，外部リソースになると，原則としてコストが発生する点に留意が必要です。そこで，そもそもそのようなコストを発生させるべきかをまずは考えるべきです。内部の人に聞けば分かるのであれば，内部の人に聞く（→§83）ことを検討すべきでしょう。

なお，専門家は忙しいということも重要です。内部の専門家であれば，同じ組織ということもあり，忙しいとはいえ相当頑張って意向を踏まえた対応をしてくれることも相対的には多いといえます。しかし，外部の専門家であれば，対応の優先順位が下がることはよくあります。そのため，可能であれば内部の専門家に相談することやつながりの深い人に紹介・依頼してもらう等，優先順位を上げる努力が必要です。なお，一般には，顧問契約があればそのような長期的関係を維持する観点からの頑張りが期待されます。

### 2　レファレンスサービス

図書館や一部のデータベースはレファレンスサービスを提供しています。必ずしも法律の専門性が高くない等の課題はありますが，例えばレファレンス協同データベース（https://crd.ndl.go.jp/reference/）では，法律を含むレファレンスを検索することができます。

### §85　立法経緯・改正経緯の調べ方

**キーワード** 【官報】【立法経緯】【改正経緯】

**Q**

立法経緯・改正経緯は，どのように調べればよいでしょうか。

**A** ●●●●●●●●●●●●●●●●●●●●●●●●●●●●●●●●●●●●●●●●●●

日本法令索引・官報・法案等に加え，立法担当者解説・逐条解説，審議会資料・立法説明，そして必要に応じて情報公開（およびその結果を利用した書籍）が参考になります。

**解　説**

#### 1　日本法令索引・官報・法案等

法令の立法や改正の経緯を理解する上で，日本法令索引・官報・法案等（→§32）が調査の起点となります。まずはこれらの情報を収集すべきです。

#### 2　立法担当者解説・逐条解説

そして，書籍の中でも立法担当者の著したものが参考になるでしょう。その中には官庁ホームページ公表の逐条解説（→§41）等も含まれます。なお，法律のひろば等の雑誌に立法担当者解説が掲載されることもよくあります。

#### 3　審議会資料・立法説明

審議会資料・立法説明（→§71）は有益です。例えば，債権法改正関係の資料（https://www.moj.go.jp/content/001227898.pdf）はよく参照されます。なお，最終報告書なのか，要綱なのか，それとも途中経過なのかは十分に確認することが必要です。そして，審議会等の最終的な報告書や要綱等の内容が，その後の内閣法制局審査，与党審査や国会審議の過程で修正されることもありますので，その点にも留意が必要です。そこで，審議会資料・立法説明を参照する際には，法案や国会会議録等を併せて参照することが重要です。

#### 4　情報公開

事案によるので必ずしも内閣法制局協議資料の情報公開請求（→§75）をする必要はありませんが，内閣法制局協議資料を利用した書籍は，当該協議内容が適切に法令に反映されている場合に，当該協議内容を適切に利用したものであれば有用です。

## §86　書式・ひな形の探し方

**キーワード**【書式】【ひな形】

**Q**

書式・ひな形は，どのように調べればよいでしょうか。

**A**

　まずは，事務所内・社内で使われている書式・ひな形がないかを確認しましょう。次は，書式・ひな形本を探すべきで，法律書を購入すると出版社のウェブサイトからダウンロードすることが可能な場合や，法律書サブスクからWordファイルやテキストデータ等をダウンロードが可能な場合があります。また，政府が公表している書式・ひな形もあり，種類や業界によっては「ものの本」よりはオーソリティがあります。

**解　説**

### 1　事務所内・社内の書式・ひな形

　自組織の最新の状況に対応した書式ひな形があれば，それこそが使い慣れていて，かつ，自組織の業務に即しており，自組織の過去の経験を蓄積している書式・ひな形です。そのため，最優先に参照すべきものといって差し支えないでしょう。

### 2　書式・ひな形本

　書式・ひな形本は，基本的には一般的な事案に関する書式を収録していることが多いので，自組織の業務に即していない可能性がある点に留意が必要です。とはいえ，一定の有用性はあり，特に出版社や法律書サブスクからWordファイルやテキストデータ等をダウンロードすることができる場合があります（LEGAL LIBRARYの書式ダウンロード機能等参照）。

### 3　政府の公表する書式・ひな形

　なお，全ての分野ではないものの，一部分野で政府が契約書のひな形を公表しており，その分野のデファクトスタンダードや，どのリスクについてどの程度相手方に有利なリスク配分をするものかを知る上で参考になることが多いといえます（なお、政策目的との関係に留意すべきことにつき→§71）。

　なお，多くの許認可については申請書の書式が公表されています。

### 4　その他

　なお，その類型の契約書でPDF検索（→§72）や「filetype:doc」又は「filetype:docx」としてWordファイル検索をすると，民間企業のひな形が出てくることがあります。ただし，それが本当に「良いひな形」であるかについては十分な吟味が必要でしょう。

## §87　事件・先例の探し方

**キーワード**　【先例】【記録閲覧】

**Q**

　特定の事件・先例は，どのように調べればよいでしょうか。

**A**

　裁判例等の先例，行政処分事例，新聞・雑誌記事を参照する方法や，傍聴・記録閲覧といった方法があります。

**解　説**

### 1　裁判例等の先例

　まずは，裁判例等の判決文があれば，それを参照すべきです（→第6章）。また，登記等の行政における処理については，結論しか分からないことも多いと言えます。ここで，全ての事案ではないものの，一部の事案において，上級官庁は，個々の具体的事件の処理方法に関する照会に応じて回答を発しています。そして，これらの回答を集めた先例集（→§41）においては，どのような理由でどのような判断がされたか等を知ることができます。このように，先例における判断の理由を踏まえて目の前の事案に対してより良い対応方法を検討する手がかりとなるので，先例集も重要です。

### 2　行政処分事例

　行政処分事例（行政指導を含む）は，全ては公表されないものの，一部は公表されており，処分の軽重や理由が参考となります。

### 3　新聞・雑誌記事

　新聞・雑誌記事において，リサーチの対象である事案について掘り下げていることがあります（→§70）。なお，本人や代理人がブログ等（→§73参照）で事案について発信していることもあり，ある程度参考にはなりますが，一方当事者の発信であることには留意が必要です（→§63も参照）。

### 4　傍聴・記録閲覧

　商事法務ポータル等の開廷期日情報（商事法務ポータル「主なビジネス関係訴訟の動向」コーナー参照）に基づき，傍聴・記録閲覧をすることもあり得ます。ただし，そこまですべき場合は限定されるでしょう。

## §88　裁判官や検察官などの個人・法人情報の探し方

**キーワード**　【法曹界人事】【調査会社】【登記簿図書館】
【ブルーマップ】【J-PlatPat】【弁護士会照会】

**Q**━━━━━━━━━━━━━━━━━━━━━━━━━━━━━

裁判官や検察官などの個人・法人の情報（経歴・住所・財産）は，どのように調べればよいでしょうか。

**A** • • • • • • • • • • • • • • • • • • • • • • • • • • • • • • • • • • •

法曹界人事・山中理司弁護士のブログ，帝国データバンクその他調査会社，登記簿図書館・ブルーマップ，J-PlatPat，弁護士会照会，民事執行法等を参照しましょう。

**解 説**━━━━━━━━━━━━━━━━━━━━━━━━━━━

### 1 法曹界人事・山中理司弁護士のブログ

例えば，担当裁判官や検察官について知りたい場合には，新日本法規のサイトやWestlaw Japanで見ることができる法曹界人事が参考になります。なお，山中理司弁護士のブログ（→§75）も参考になります。

### 2 帝国データバンクその他調査会社

調査会社が公開している調査結果も参考になります。会社等であれば帝国データバンクが既に調べていると，比較的安価かつ速やかに調査報告書を入手できます。ただし，新規に調査をする場合は，調査内容にもよりますが，時間と費用がかかります。また，調査会社が全ての会社について独自の情報を持っているというわけではなく，多くの場合，登記や決算公告等の公開情報を集めた上で，対象企業を訪問して，任意の決算情報等の開示を求め，その情報が開示されることにより，新規取引の可能性が高まる等のメリットがあると説明して，情報を得た上で，その情報を報告書としてまとめるようです。そのため，対象企業が情報の開示を拒否したため，詳しいことは分からない等という調査結果になることもあります。

### 3 登記簿図書館・ブルーマップ

法人役員就任や不動産関係の権利は登記を確認するのが手近な方法であるところ，登記簿図書館は代表取締役・取締役等の名前から登記情報を取得することができます（名寄せ）。ただし，名寄せの対象は既に他の利用者が取得済みのものに限られています。なお，ブルーマップでは，住居表示番号から地番等を検索することができます。なお，この機能は，登記簿図書館を含むオンライン上でも提供されています。

### 4 J-PlatPat

知財に関しては，J-PlatPat（https://www.j-platpat.inpit.go.jp/）が参考になります。

### 5 その他弁護士会照会，民事執行法等

その他，弁護士会照会，民事執行法に基づく手続も利用することができ

ます。会社なら社史も参考になります。

## §89　業界慣行の調べ方

**キーワード**【専門家】【業界慣行】【業界本】

**Q**

業界慣行・常識は，どのように調べればよいでしょうか。

**A** ●●●●●●●●●●●●●●●●●●●●●●●●●●●●●●●●●●●●●●●●●●●●●●●●●

「業界本」，専門書・専門誌を参照する，又は専門家等に依頼するなど
して調べましょう。

一般的なリサーチに属することなので，詳細は述べませんが，次のよ
うな手法が考えられます。

**解　説**

### 1　「業界本」

いわゆる「業界本」は，例えば会社四季法の「業界地図」シリーズや秀
和システムの「よーくわかる本」シリーズ等を含みます。また，高額なの
で図書館（→§47）での利用を検討すべきですが，「業種別審査事典」には，
各業界においてどのようなビジネスモデルが採用されており，最新の業界
動向等も掲載されていることから，有用な場合があります。とはいえ，こ
れら「業界本」は，あくまでもその業界についての素人が一通り業界の基
礎を理解するためのものであり，そのような限界があることには十分に留
意した上で，参考情報として活用しましょう。全く分からない状況からの
第一歩として「業界本」を利用するようにしましょう。

### 2　専門書・専門誌

知財等では，当業者の技術常識等が問われるため，専門書・専門誌を調
べることになります。

### 3　専門家

社内又は社外の専門家に相談することについては§84を参照してくださ
い。必要に応じて，第三者の専門家に依頼して，鑑定人又は鑑定委員に私
的鑑定をしてもらうこともあります。また，裁判所があらかじめ鑑定人・
専門委員等の候補者リストを準備していることもあります。

## §90　その他のリサーチのコツ

**キーワード**【用語辞典】【計算ツール】

**Q**

その他実務のリーガルリサーチにおける調べ方のコツや，ポイントを

教えてください。

 •••••••••••••••••••••••••••••••••••••••••••••••••••••••••••

　用語の意味や，数字（利息，期間，訴訟費用等）等に注意しましょう。

**解　説**

## 1　用語の意味

　辞書・辞典で用語の意味を確認しましょう。コトバンク等のインターネット上の無料のサイトを使うこともあり得ますが，そのようなサイトには専門辞書の内容は含まれないので，例えば『法律用語辞典』（有斐閣）等の法律用語専門の辞書は購入する必要があります。なお，このような辞典については，アプリで購入し，閲覧することができるものもあるので，そういった方法が便利なこともあるでしょう。

## 2　数字（利息，期間，訴訟費用等）

　利息，期間，訴訟費用等につき，オンライン上に様々な計算ツールや，プログラム等があります。ただし，法務省の遅延損害金ソフトウェアと裁判所の計算方法が異なっている（https://keisaisaita.hatenablog.jp/entry/2015/03/19/172446）等と指摘されることもありますので，これらのツールを用いるときは，多くの場合に正しい数字が出るという程度の認識で利用すべきです。

## Column 9　自分の「腹案」を持って他人に聞く

### 1　腹案の重要性

　本章では，行政，上司・先輩，専門家等に聞いてリーガルリサーチを進めることについて説明しました。誰に聞く場合であっても重要なのは少なくとも自分の中で「腹案」を持つことです。

　この点は第3弾でも述べましたが（→第3弾Q92），何の考えも持たず，ただ「何も分かりません。教えてください」と言ってしまうと，「やる気がなく，何も考えていない人だ」と思われて，相手のあなたに対する印象を悪くするかもしれませんし，質問に対しても十分に答えてもらえないかもしれません。

　また，本書のリーガルリサーチは目の前の事案に基づく問題意識の存在を前提に，前に進めるべき案件を前に進めるために行うものです。そこで，組織内の同じ方向性（例えば「このビジネスを成功する支援をしたい」）を共有している人に聞くならともかく，特に第三者的な，行政や専門家に対して「フリーハンド」で意見を述べてもらう場合，その意見が，あなたが事前に想像すらしていないような「サプライズ」を含むものとなって，案件を前に進める上で，重大な障害となることも考えられます。相談をするにしても質問をするにしても，そうした「サプライズ」が極力生じないようにする必要があります。

　そこで，相談や質問をする前に，先に自分なりの筋道のとおった考えを持つことが重要です。「このロジックに基づけば適法ではないか」，「このロジックに基づけば違法ではないか」というのがその例です。まずは自分なりにできる範囲でリサーチをして，限界があるとしても，何らかのロジックを根拠づけられないか，考えてみましょう。

### 2　下請法の例から「腹案」の重要性を深める

　あくまでも一つの例という意味で，第2弾§145の下請法の事例を考えてみましょう。

> 事例：あなたは，依頼者A社の対応を任せられている3年目の弁護士です。A社から，「梱包や運送をB社に任せたいが，下請法が適用されるか」と聞かれました。あなたは下請法についてこれまで勉強したことがありません。

　このような事案では，1つの選択肢として，ボス（パートナー）や先輩

（兄弁・姉弁）に聞くというものがあるでしょう。また，別の選択肢として，公正取引委員会等に聞く（下請法の考え方についての相談窓口につき，https://www.jftc.go.jp/soudan/soudan/shitauke.html参照）ことも考えられるでしょう。

　ただ，下請法について最低限の理解さえ持たないまま，「梱包や運送を他社に任せたいのですが，下請法が適用されますか？」と聞けば，例えば「関係する企業の資本金はどうなっていますか？」等と聞かれて答えに窮する等，そもそも質問をする段階に至っていない（事前準備が不十分である）と判断されても仕方がありません。優しいボスや先輩であれば「下請法についてこの機会に勉強してみてはどうか。自分なりに勉強した上でもう一度考えて，それでも分からなければ聞いてほしい」等として，勉強をすることを勧めるのではないでしょうか。また，人によっては，「忙しいのに，人の時間を奪うな」といった感情を抱かないとも限りません。

　だからこそ，まずは最低限の知識を持ちましょう。下請法であれば，例えば，下請法の講習会テキストにおいてどのように書いているかを確認することが有用です。そのような基本的な知識を得ることで，まずは前提となる親事業者（A社）と下請け事業者（B社）の資本金要件等について確認をした上で，重要な論点が，役務提供委託（下請法2条4項「この法律で『役務提供委託』とは，事業者が業として行う提供の目的たる役務の提供の行為の全部又は一部を他の事業者に委託すること……をいう。」参照）該当性であることを理解することができるでしょう。この段階で，「（A社及びB社の資本金からすれば下請法の適用となることを前提として）A社がB社に梱包や運送を委託することは下請法2条4項の役務提供委託に該当しますか」と質問すれば，少なくとも先ほどの質問と比較して，相手に対して格段に「勉強しているな」という印象を与えることができるでしょう。

　とはいえ，依頼者であるA社の要望が，「（もちろん，法的に回避しようがないなら仕方がないが）可能な限り下請法の適用がない形でB社への委託を進めたい」というものである場合においては，より深い事前リサーチが必要となる可能性があります。すなわち，特に第三者である公正取引委員会であれば，ある程度こちらで方向づけをする必要があります。つまり，一定の理論的な背景を基に，こちらが「欲しい」結論が正当であるという説明をすることができず，ある意味で「フリーハンド」で意見を述べられてしまえば「具体的な当てはめについては，こちらで回答できませんが，該当する可能性はあるので，保守的に下請法適用を前提に

対応されてはいかがでしょうか」等という回答をされてしまい，その結果として，依頼者A社の意向にそぐわない方向で対応を行うことを勧めざるを得なくなるかもしれません。

　だからこそ，仮に行政に尋ねることが必要であっても，事前に，可能な限り深いリサーチを，自分たちの方で済ませておくことが重要です。令和5年の講習会テキストには，以下のような記載があります（13頁）。

　「『（業として行う）提供の目的たる役務』とは，委託事業者が他者に提供する役務のことであり，委託事業者が自ら用いる役務は含まれない（自ら用いる役務について他の事業者に委託することは，本法上の「役務提供委託」には該当しない。）。他の事業者に役務の提供を委託する場合に，その役務が他者に提供する役務の全部又は一部であるか，又は自ら用いる役務であるかは，取引当事者間の契約や取引慣行に基づき判断する。

　役務とは，運送，ビルメンテナンス，情報処理等，いわゆるサービス全般であるが，例えば，荷主から貨物運送の委託に併せて請け負った梱包作業を他の事業者に再委託する場合は，当該梱包作業は他者（荷主）に提供する役務であるから，当該梱包作業の再委託は『役務提供委託』に該当し，本法の対象となる（自社で当該役務を提供する能力が無くとも対象となる。）。

　一方，荷主から梱包作業は請け負っていないが，自らの運送作業に必要である梱包作業を他の事業者に委託する場合は，当該梱包作業は他者に提供する役務ではなく，自ら用いる役務であるから，当該梱包作業の委託は『役務提供委託』に該当せず，本法の対象とはならない。」

　要するに，自ら用いる役務について他の事業者に委託することは，下請法上の「役務提供委託」には該当せず，逆に，顧客に対して提供する役務について他の事業者に委託することは，下請法上の「役務提供委託」には該当するということです。

　このようなリサーチを行うことができれば，A社として，顧客から，①運送と梱包を請け負っている，②運送だけを請け負っている，③梱包だけを請け負っている，④運送も梱包も請け負っていないという4つの可能性があり，そのそれぞれのパターンごとに，①運送も梱包もいずれも下請法の対象，②梱包は下請法対象外，運送のみ下請法の対象，③運送は下請法対象外，梱包のみ下請法の対象，④運送も梱包もいずれも下請法の対象外という結論が導き出せるでしょう。

| 運送<br>梱包 | 請け負っている | 請け負っていない |
|---|---|---|
| 請け負っている | ①いずれも下請法の対象 | ③運送は下請法の対象外，梱包のみ下請法の対象 |
| 請け負っていない | ②梱包は下請法の対象外，運送のみ下請法の対象 | ④運送も梱包もいずれも下請法の対象外 |

　このような議論を基に，自分なりにまずは結論と結論に至るロジックを考えた上で，上司・先輩や公正取引委員会に質問をすべきです。もしかすると，その過程で，A社に対して，①〜④のどのパターンであるかを確認する等，更なる事実確認の必要性が生じることになるかもしれません。そして，それこそが，まさに上司・先輩等に質問した場合に「このような基本的なことは既に確認しているのか？」と問われる可能性がある事項であり，それらを自分で把握し，自分で確認しておけば，きちんとやるべきことをやっていると評価される可能性が高いでしょう。

　なお，このように一定以上調べて，ロジックを立てて考えを説明し，この考え方でいいかの確認を求めても，上司・先輩からは，「具体的事案はどのようなものか」等と聞かれるかもしれません。例えば，この事案では，実は，A社は特定の製品を製造していて，B社に当該製品の製造に伴うライン間の仕掛品の移動等を委託しているのかもしれません。そして，そのことをもって（顧客から請け負っていない）「運送」の委託と称しているのかもしれません。もしそうであれば，令和5年の下請法講習会テキスト21頁の以下のQが参考となります。

> **Q11：　工場内における運送作業を外部に委託する取引は，「製造委託」と「役務提供委託」のどちらに該当するか。**
>
> 　**A：　運送は役務の提供に該当する行為であるが，同一工場内における製造工程の一環としての運送（ライン間の仕掛品の移動等）を他の事業者に委託することは，製造委託に該当する。**

　つまり，このような場合はそもそも下請法2条4項の「役務提供委託」の問題ではなく，2条1項の「製造委託」（下請法2条1項「この法律で『製造委託』とは，事業者が業として行う販売若しくは業として請け負う製造（加工を含む。以下同じ。）の目的物たる物品若しくはその半製品，部品，附属品若しくは原材料若しくはこれらの製造に用いる金型又は業として行う物品の修理に必

要な部品若しくは原材料の製造を他の事業者に委託すること及び事業者がその使用し又は消費する物品の製造を業として行う場合にその物品若しくはその半製品，部品，附属品若しくは原材料又はこれらの製造に用いる金型の製造を他の事業者に委託することをいう。」参照）の問題だということです。

　ここまで深くリサーチを行うことは，下請法に詳しくない人であればなかなか難しいかもしれません。ただ，事実関係を把握した上で，まずは自分なりにロジックを立てた上で説明していれば，上司・先輩としても「あと一歩のところまで来ていた，ナイストライだ」と前向きに捉えた上で，この事案が「製造委託」にならないか，具体的な事情を更に確認するよう親身にアドバイスしてくれる可能性が上がるでしょう。

　これはあくまでも１つの例ですが，最低限のリサーチを行った上で，筋道立てて考えて，自分なりの「腹案」を用意してから，他の人に聞くことを心がけるべきです。

# 第10章　リーガルリサーチの後に

## §91　答えを案件処理に活かす

**キーワード**【具体的事案】

**Q**

リーガルリサーチが無事終わりました。リサーチの結果を案件処理に活かすにはどうすればよいですか。

**A**・・・・・・・・・・・・・・・・・・・・・・・・・・・・・・・・・・・・・・・・・・・

本当の意味の「答え」であれば，そのまま案件処理に活かせるはずです。

**解　説**

第2章では，適切な問いを立てることの重要性を説明しました。つまり，リーガルリサーチは，具体的事案を踏まえた具体的問題意識の存在を前提に生じた問いに根拠をもって答え，リスクを管理しながら案件を前に進めるため，法律に関する情報・資料を調査することです。そして，リスクを検知し（→§13），リスクがある場合にその回避・低減策等を考え（→§14），少なくとも最終的な顧客企業の判断が経営判断原則の適用を受けるようにサポートする（→§15）等といった形で案件を処理していく上で，それぞれの段階で必要な事項こそが「答え」です。よって，問いが適切であれば，そこで導かれた「答え」は案件をどう処理すべきかに直結するはずです。例えば，リスク検知の場面であれば，適切な問いに関するリサーチを行うことで「XX法ZZ条で許認可が必要な場合であるとされており，許認可を得なければ，XX法違反となる」というリスクが判明します。これが「答え」ですので，検知されたリスクを基にリスク評価を行い，リスク回避・低減策を考えることになります（→§11）。また，その場合の回避・低減策等として，許認可を得る方向で検討するのであれば，「許認可申請の手続や，許可が下りる可能性の高低，スケジュールはどのようなもので，許可可を得た場合の負担はどのようなものか」等が判明することが「答え」となります（なお，直面する問題が「答え」がない問題であり，完璧な「答え」が出せない可能性があることについては§8のとおりです。）。

上記のように，本当の意味の「答え」が出て案件処理に活かせるとしても，それだけで案件が終わりなのではなく，事実確認をして擦り合わせを行い（上記事例で許認可を取得せずに済むようにビジネスを変更する場合に，そのよ

うな変更が可能かを検討するなど），少し進んでもその後またリサーチに戻り，「更問い」を行うといった場合等も多いといえます（→§16）。

### §92　リサーチメモ作成

**キーワード**【リサーチメモ】

**Q**
リーガルリサーチが終わりましたが，今その結果は自分の頭の中にだけあります。リサーチメモ等の成果物はどのように作ればよいのですか。

**A** ●●●●●●●●●●●●●●●●●●●●●●●●●●●●●●●●●●●●●●●●●●●●●●●●●●●
時間の制約の下，目の前の案件との関係でベストなものを作りましょう。

**解　説**

#### 1　リサーチメモの作成

本書におけるリーガルリサーチはあくまでも目の前の案件との関係で実施されるものです。そこで，リサーチ結果を案件処理によりよく活かす（→§91）という観点で成果物を作成することになります。

例えば，あなたがインハウスで，ビジネスから持ち込まれた案件に対するリーガルリサーチの結果，ビジネスが望むような形で案件を前に進めることはできないことが分かったとします。このような状況において，ビジネスサイドのエグゼクティブを説得する必要が生じた場合，どのような成果物を作成すればよいでしょうか。エグゼクティブは，法律家の書いた長大で法律の専門用語が散りばめられた意見書のようなものを読みたいとは思わないでしょう。ゆえに，社内の意思決定のための資料としては，短く分かりやすいエグゼクティブサマリーを作成するべきです。その際は，短く分かりやすいことと正確性を維持することを両立させるべきです（→第3弾§64）。そのような観点から，図解，フローチャート等により説明するという方法もあり得るところですが，図解することによって捨象されるものがないか，確認する必要があります（なお，「補完的輸出規制（キャッチオール規制等）輸出許可申請に係る手続きフロー図」（https://www.meti.go.jp/policy/anpo/kanri/catch-all/frouzu.pdf）のように，正確性を保とうとするばかり，結果として分かりにくくなってしまえば，元も子もありません。）。

#### 2　外部弁護士への説明資料

なお，説得の手順といった業務の進め方に関係しますが，社内でのリサーチ結果だけでは十分な説得力を持たないということであれば，外部弁護士の意見書を取得すべきです（ただし，その場合でも分かりやすいエグゼク

ティブサマリーを提示することは必要でしょう。）。そして，その場合においても，社内のリーガルリサーチの結果を外部弁護士が有効に活用できるように，外部弁護士への説明資料として，リサーチメモを分かりやすくまとめて提示すべきです（それによって意見書取得費用が大幅に下がる可能性がありますし，また，意見書取得までの時間も短縮できるかもしれません。）。

## 3　リサーチメモを作成することができない場合

上記のとおり，リサーチに際して，短く分かりやすいリサーチメモを作成すべきですが，時間の制約があることから，文書としてまとまった成果物はできず，口頭での報告やメールでの報告等になることがあります。ここで，そのような場合でも，後でそれぞれの結論の根拠が何なのかを追えるようにしておかなければ，例えばそのリサーチ結果について後で検証が必要となった場合に，なぜそのような結論になったかを説明できない，という困ったことになりかねません。

## 4　リサーチメモの例

リサーチメモの書式は自由ですが，以下のようなものが考えられます。なお，これは，事務所又は法務の内部メモとして位置づけられるもので，ビジネスに説明する場合には，このリサーチメモを基に，より分かりやすく説明する資料を別途作成すべき場合も多いでしょう。

### XX法に基づく許認可に関するリサーチメモ

注：何に関するリサーチかを明示する。

年月日

注：いつまでの情報をもとにリサーチしたかを示す。

名　前

注：誰がリサーチを行ったかを示す。

甲部門の計画している○○プロジェクトにおいてXX法に基づく許認可が必要かについて，XX法に基づく許認可が必要となる場合並びにそのような場合の許認可取得要件及び許可取得手続について検討した。

注：経緯目的を冒頭に書くことがある。

第1　XX法に基づく許認可が必要となる場合

1　XX法の概要

注：XX法が比較的マイナーな行政法の場合，そもそもそれがどのような法令なのか，特に法令の「仕組み解釈」（なお，「仕組み解釈」については，橋本博之『[新版] 行政法解釈の基礎』（日本評論社，2023年）第1章を参照。）を行う上で必要な，その法令の仕組みを簡単にまとめるのが有益なことが多い。

### 2　XX法に基づく許認可の概要

　XX法YY条は「〜」として〜の場合に許可が必要であるとする。すなわち，XX法の〜という仕組みに照らし，〜を許可に係らしめようとするものである。

注：まずは概要を記載することもある。なお，概要を記載せず，ダイレクトに条文の解釈に行くこともある。

### 3　XX法に基づく許認可が必要となる場合

　XX法YY条の「〜」という文言を踏まえ，①……，②……及び③……という3要件をいずれも満たす場合には，XX法に基づく許認可が必要となる（XX法研究

注：各要件の関係が「かつ」なのか「又は」なのか等を明示すべきである。

会『逐条解説XX法』（XX出版，202X年）XX頁）。

注：何を参照したかを明示すべきである。

　⑴　①について
　　（略）

　⑵　②について
　　（略）

　⑶　③について
　　（略）

### 4　本件へのあてはめ

　（注：目の前の案件のより良い対応のためにリサーチをしている以上，「あてはめ」を行うべき場合が多い。）

　⑴　許認可が必要な可能性が高いこと
　　○○プロジェクトは〜
　　（略）
　　よって，①〜③までの要件をいずれも満たし，許認可が必要な可能性がある。

　⑵　いずれかの要件を満たさないようにビジネスを変更することで許認可を不要とする方法について
　　（略）

　⑶　許認可を取得する方法について
　　上記⑵の方法のいずれも困難である場合には，許認可を取得するべきことになる。この点については，第2のとおりである。

## 第2　許認可取得要件及び手続

### 1　許認可取得要件
　　（略）

### 2　許可取得手続
　　（略）

## §93　次のリサーチの準備

**キーワード**【蓄積】【振り返り】【共有】

**Q**

リーガルリサーチが終わった後，次のリサーチに向けた対応として何をすべきですか。

**A** ••••••••••••••••••••••••••••••••••••••••••••••••••••••••

蓄積，振り返り，及び共有です。

**解説**

### 1　はじめに

リサーチが終わると何が起こるのでしょうか。そう，次のリサーチが始まるのです。リサーチが終わったからといって「後は野となれ山となれ」という態度を取るべきではありません。この成果を，是非次に活かしましょう。

### 2　蓄積

まずは成果の蓄積が重要ですが，その具体的方法は§94に譲ります。

### 3　振り返り

次は，今回のリサーチにおいてどこが良かったか，どこが悪かったか等を振り返りましょう。例えば，「最初にコンメンタールから（裁）判例に飛んだのは良かったが，コンメンタールで引用されていた（裁）判例が古かったため，思ったよりも新たな（裁）判例が多くて苦戦したところ，実は（裁）判例をまとめた書籍が，コンメンタール刊行のかなり後に出版されていた」といった場合，「コンメンタールが古かったことから，すぐにデータベースで（裁）判例を調べてしまったが，書籍をもっと調べればよかった」等，いろいろな反省点が出てくるでしょう。

そのような反省点についてきちんと振り返り，それを基に，次からはこういう場合にこのようにリサーチをすべきだ等，仮説を立てましょう。その仮説を実行して，また反省して，という試行錯誤を重ねること（→§19, §99）こそがリーガルリサーチ能力の向上につながります。

### 4　共有

そして，リーガルリサーチ結果を共有しましょう。ブログ・論文等での共有については§96のとおりですが，秘匿の要請のない部分を社内で共有することで，社内の他の人のリーガルリサーチの成果をも活用しやすくなり，次のリサーチに役に立ちます。このような結果の共有は，個人が頑張るのではなく，組織のナレッジマネジメントとして行うべきです（→§97）。

## §94 蓄積のコツ

**キーワード** 【蓄積】【再利用】

**Q**

　次のリサーチに向けた対応として，自分自身のために蓄積すべきとのことですが，うまく蓄積することができません。蓄積のコツは何ですか。

**A** ・・・・・・・・・・・・・・・・・・・・・・・・・・・・・・・・・・・・・・・・・・・・・・・・・・・・・・・

　再利用しやすいように，整理して保存し，必要な時にいつでも取り出せるようにすることです。

**解　説**

　リーガルリサーチの過程で，例えば大量の資料を収集して読み込んだり，その分析をしたりといった形で労力をかけることも十分あり得るでしょう。しかし，リーガルリサーチの成果物（→§92）は，再利用が主目的ではなく，まさにその案件における利用のために作られるため，必ずしも再利用に適した形でまとめられるわけではありません。だからこそ，その労力を次のリーガルリサーチに活かし，今後のリーガルリサーチが楽になるよう，必ず「成果物」そのものとは別の形で蓄積しましょう。

　典型的には，資料や情報の整理をして保存をすることになります。整理や保存の方法は人によって様々です。伝統的には紙ファイルを利用していましたが，現在，フォルダを使った電子ファイルの整理，メモアプリ等様々な方法があります。本書ではそのような具体的な方法を詳述しませんが，自分なりに「次に，似たようなリーガルリサーチが必要になった場合に自分が『助かる』保存・整理の仕方は何か」という観点から考えて整理すべきです。また，これには試行錯誤が必要であり，筆者（ronnor）も様々なアプリを利用し，様々な失敗を繰り返しています。

## §95 知識の体系化

**キーワード** 【ついで勉強】

**Q**

　リーガルリサーチをしたら「更に勉強して知識を体系化しなさい」と言われました。なぜリーガルリサーチは終わったのに，更に勉強しなければいけないのですか。

**A** ・・・・・・・・・・・・・・・・・・・・・・・・・・・・・・・・・・・・・・・・・・・・・・・・・・・・・・・

　リーガルリサーチをきっかけに，勉強を深めることで，付け焼き刃の知識を血肉とすることができます。資格試験や大学院等に展開すること

もあり得るでしょう。

**解　説**

　第3弾Q190ではどうやって実務で実力を向上させるのかという観点から，「ついで勉強」，「学んだことのまとめ」，「学んだことの振り返り」及び「学んだことの共有」を奨励したところです。リーガルリサーチはあくまでも特定の案件のためのものであって，それは極めて断片的な，いわば「付け焼き刃」の知識にすぎません。そのような断片的な知識は，ある意味では「トリビアクイズの答え」のようなものであって，将来それと全く同じ事案が来ればよいですが，そうでなければせっかく頑張って調べたものを再利用ができるとは限りません。

　しかし，そのようなリーガルリサーチをきっかけに，勉強を深めることで，体系的知識を身につけることができます。少なくとも何もないところから勉強を始める場合より容易になります。だからこそ，是非リーガルリサーチを起点として勉強を進めてください。

　人によっては，それをきっかけに資格試験（ビジネス実務法務検定試験等）に挑戦することや，大学院に行くこと等もあり得るかもしれません。

## §96　ブログでの公開・論文作成

**キーワード**【再利用】【共有】【ブログ】【論文】

**Q**
　リーガルリサーチをして得た成果をブログ・論文等の形にまとめてみたらどうかと誘われています。ブログ・論文等の形にまとめるとどのような良いことがあるのですか。

**A** ●●●●●●●●●●●●●●●●●●●●●●●●●●●●●●●●●●●●●●●●●●●●●●●●
　発信する人のところには情報が集まることから，情報を集めやすくなります。

**解　説**

　リーガルリサーチを行った結果，その案件を進める上で適切な成果物（→§92）が完成します。しかし，その成果物は基本的には依頼者のため，又は自社内で使われて終わります。

　成果物そのものには守秘義務があるのでしょうが，例えば，「このような面白い判例があった」，「こういう裁判例の流れとなっている」等の情報は，公知の情報をまとめたものにすぎず，守秘義務の対象ではありません。そして，この情報は他の人にとっても有益なことがあります。そこで，このようなリサーチ結果をブログ・論文等の形式にまとめて共有すること

（SNS界隈ではこれを「小ネタ」と呼ぶこともあります。）で，他の人の役に立つことができます。加えて，ゼロからブログや論文を書くよりも，リサーチの蓄積を活用して有益なものを素早く書くことができることも指摘できるでしょう。

　そして，このような人のために行う発信が「めぐりめぐって」自分のリーガルリサーチの役に立つこともあります。つまり，情報は発信する人のところに集まりますから，情報を集めやすくなるのです。例えば，ブログでAについて発信すると，Aについて詳しい人から「実はこういう裁判例もある」等の情報をもらえることがあります。また，発信することで，(黙殺されることもありますが，)それに対して誤りの指摘や批判が来ることがあります。自分の調査が不足していれば，「実はその調査結果は古く，最新の情報では結論が変わっている」といった指摘を受けることもあるでしょう。それは正直恥ずかしいことで，できるだけそのような事態を避けられるよう真摯にリーガルリサーチを進めるべきではあります。一方で，自分なりにベストを尽くした上で発信をしたからこそ，自分の誤りを知り，自分のリサーチ能力を進歩させる機会を得ることができたと肯定的に捉えることもできます。そこで，その反省を活かして，更にリーガルリサーチの質を向上できるようにすることは，ある意味では発信の利点ということができるでしょう。

## §97　ナレッジマネジメント

**キーワード**【再利用】【共有】【ナレッジマネジメント】

**Q**
　リーガルリサーチの結果として得られた「ナレッジ」等について，ナレッジマネジメントをすべきとのことですが，（組織内における）ナレッジマネジメントはどのように行えばよいでしょうか。

**A**
　リサーチ関係だけにとどまらず，契約レビュー・コンプライアンス・訴訟等の各業務のナレッジマネジメント，セミナー，人脈等を含めた総合的なナレッジマネジメントが必要です。

**解　説**

### 1　ナレッジマネジメントとは

　ナレッジマネジメントは「情報・知識・経験・知恵など（ナレッジ）を集約・管理・共有（マネジメント）し，それらを有効活用するための仕組み（ないし仕組み作り）」であるとされます（森下国彦ほか『企業法務におけるナレッ

ジ・マネジメント』（商事法務，2020年）3頁）。

　これまでも弁護士や法務の業務に必要なナレッジを有効活用するために
どうすべきか知恵を絞ってきた人はたくさんいるかと思います。しかし，
現状，個々の弁護士や法務パーソンが個別に工夫しているという側面が大
きく，組織化が不足している傾向にあります。一方で，一部の組織は組織
内にナレッジマネジメントチームを組成し，組織として対応すべきことと
してナレッジマネジメントに取り組み始めています。

## 2　リサーチ関係

　では，ナレッジマネメントとして，具体的に何をするのでしょうか。も
ちろん，リサーチがしやすい環境の構築（資料へのアクセスのための書籍購入，
データベースの購読等）といった支援もありますが，過去のリサーチの内容
を次のリサーチに活用するための仕組み作り（データベース構築，入力のため
の支援）等も重要です。

## 3　セミナー受講等の組織として能力向上

　もちろん，具体的な案件を実施する中で能力を向上させることも重要で
すが，外部セミナー等の受講を推奨し，そのセミナーで得た知識を組織内
に広げてもらうことによって組織としての能力を向上させることも重要で
す。例えば，受講したセミナーの要旨をまとめたメモを社内で共有したり，
場合によってはセミナーで得た知識と自分で追加でリサーチした内容をも
とに社内で勉強会等を開催してそこで発表したりすることもあり得ます。

## 4　ネットワーク

　法務交流団体（経営法友会，JILA，INCA，経営アニメ法友会等）での活動や，
その他人脈，ネットワーク作りも重要です。これは，情報共有（→§96）
の場という意味もありますし，第9章でいう「人に聞く」場合の「人」の
候補を増やす意味もあります。

## §98　将来のリーガルリサーチ，ナレッジマネジメント

**キーワード**　【ChatGPT】【再利用】【共有】
　　　　　　　【ナレッジマネジメント】

**Q**

　　今後，リーガルリサーチ及びナレッジマネジメントはどうなっていき
ますか。

**A**

　　少なくとも短期的に，弁護士・法務パーソンがリーガルリサーチを行
う必要性はなくならないと予想されますが，法律書サブスクがここ数年

でリーガルリサーチを変えたように，常に新しいテクノロジーを取り入れて，その時点その時点での最善のリーガルリサーチをできるようにしましょう。

**解 説**

　株式会社LegalscapeがChatGPTを利用したWatson & Holmesというリーガルリサーチプロダクトのβ版を公開していますし，他の企業も類似のプロダクトを公開しています。このようなプロダクトは，2024年3月段階においてはまだ試行段階と評すべきですが，将来的には，新しいテクノロジーがリーガルリサーチを変える可能性は高いといえます。

　もっとも，筆者らは，少なくとも短期的に，弁護士・法務パーソンがリーガルリサーチを行う必要性はなくならないと予想しています。それは，過去に人間が調べた結果や回答した内容を蓄積し，ナレッジマネジメント（→§97）を効率化するとか，既に存在する法律書・（裁）判例・論文等を串刺しで検索する等のテクノロジーによる支援が高度化すること等はあり得ても，それはあくまでも検索の効率化にすぎないのであって，具体的事案を踏まえた具体的問題意識の存在を前提に何度も更問いを繰り返しながら「答え」に肉薄し，リスク管理をするというリーガルリサーチを行うのは，人間の弁護士・法務パーソンであると考えるからです。すなわち，かなり先の未来には，もしかすると状況は変わってしまうのかもしれませんが，少なくとも当面は我々弁護士や法務パーソンがリスク管理を行うことに変わりはありません。新しいテクノロジーの出現によっては，単にそのリスク管理のためのツールが豊富になり，また，高度化されることが期待されるにすぎないと考えられます。だからこそ，リーガルリサーチの能力は今後も引き続き必要なのです。

　しかし，法律書サブスク（→§43）がここ数年でリーガルリサーチを変えたように，テクノロジーの進化によってリーガルリサーチのベストプラクティスは変化していきます。だからこそ，常に新しいテクノロジーを活用して，その時点その時点での最善のリーガルリサーチをできるようにしていくべきです。

## §99　リーガルリサーチを得意にするには

**キーワード**【試行錯誤】

**Q**

　自分は現時点ではリーガルリサーチが苦手ですが，リーガルリサーチが得意になりたいです。リーガルリサーチが得意になるにはどうすれば

よいですか。

Ａ ••••••••••••••••••••••••••••••••••••••••••••••••••••••••••••••••

　　まずはリサーチを好きになるべきです。そのためにも，リサーチを日
　常へと変え，試行錯誤を重ねるしかないでしょう。

**解　説**

　そもそもリサーチは楽しいものです。そこで，リサーチが好きな人にな
ることがリサーチが得意になることの一番の近道です（→§10参照）。すな
わち，リサーチが苦手な人やリサーチが嫌いな人は，（リーガルリサーチをし
たくないので）「本当に必要な場合にしかリサーチをしない」という発想に
なりがちです。そうすると，実践を通じてリサーチの能力を向上させる機
会が減りますので，リーガルリサーチが得意になりにくいといえるでしょ
う。

　リーガルリサーチ能力の向上のためには，試行錯誤（→§19,　§93参照）
をするしかありません。そのため，できるだけ長い時間をリサーチに費や
すべきです。そのように説明すると1回1回のリサーチに長い時間をかけ
なければならないのかと思うかもしれませんが，そうではありません。リ
サーチを「日常」にするのです。例えば，日頃から興味ある情報を調べて
クリップする等，特にリーガルリサーチの依頼がなくても，「今後リーガ
ルリサーチに活きるかもしれない」という事項について，自発的にリサー
チをして整理して蓄積（→§94）しましょう。このようにしてリサーチを
日常化し試行錯誤した人は，いざリサーチを依頼されれば，短期間で質の
高いリサーチを行うことができます。つまりリサーチが「得意」になるの
です。

# Column10　気軽に発信をしてみよう！

## 1　はじめに

　本書§96では，発信について，それ自体に大きな意義があると説明しました。具体的には，リーガルリサーチで得られたものの一部を発信すると，それによって情報が得られるとか，その次につながる等，発信に大きなメリットがあることを簡単に紹介しています。もっとも，これまで発信になじみがなかった読者の方は，発信という言葉を聞いて，ややハードルが高いように思われるかもしれません。しかし，発信はそこまでハードなものではなく，ちょっとした発信が他の人の役に立つことや，また，気軽な発信であっても継続すれば，それをきっかけに誰かの目にとまり，機会を頂いたりするといったことがあります。そこで，以下では，発信の例として，筆者（ronnor及びdtk）の発信経験を，類型ごとに紹介します。

## 2　論文（のようなもの）

　一つはいわゆる論文のような形のもので，ronnor名義ですと，ブログ記事ですが，無断翻訳に関するリサーチ結果をまとめたものが，比較的話題になりました（https://ronnor.hatenablog.com/entry/20070609/1181363940）。当時，いわゆるfansubという，外国のファンにより無断で日本のアニメ等につけられた字幕や，漫画の無断翻訳等が広まっていました。ここで，当時の状況として，いわゆる「公式」の外国語版が少なく，日本のアニメ・漫画に触れたければ原則として日本語版を見るしかないものの，それはハードルが高いという状況があったことを指摘せざるを得ません（そこで，現在のように，翻訳版が広く発売され，戦略的に外国人キャラクターを登場させたり，外国ファン向けのイベントを開催したりする等，公式において世界戦略を考えて対応している状況とは，前提が異なっています。）。そこで，当時において，そのような翻訳自体は，日本語を学んではいないが，潜在的にファンになり得る外国人にとって有益ではあるものの，当然のことながら著作権的にグレー（ないしはブラック）であるわけです。そこで，それが法的にどのように評価されるかという問題意識を持ち，様々な検討を行いました。その結果として，この記事は（fansubの作成者を含む）多くの方に読んでいただきました。

## 3　書評（ブログ記事）

　それ以外のronnorの記事ですと，ブログ上の書評記事が比較的話題になりました。これは，リサーチ結果というよりは，その書籍の内在的

な意義（そもそも良い本ではないと紹介しない）と課題（きちんと熟読するとどのような本でも「アラ」は見つかるものである）をまとめるものです。とはいえ，なぜこの部分が意義で，なぜこの部分が課題かという点について説得力を持って語るということを突き詰めると，「他の人はこの点について何と言っているのだろうか」という観点を入れざるを得ません。だからこそ，良い書評を書く上では，必然的に一定のリーガルリサーチが発生します。その結果として，例えば「他の人のこの点についての説明は，いずれも一面的で，問題の本質に迫ることができていなかったところ，問題の本質をえぐり出す記載をする本書はすばらしい」といった評価となったり，反対に「他の人の本や論文をよく読めば，このような雑な記述にはなるはずがなく，リサーチ不足が否めない」といった評価となったりすることがあります。その意味では，書評を書く場合でもリーガルリサーチが役に立ちます。

**4　書評（Business Law Journal連載）**

　このような書評をブログ上で多数書き連ねていたことをご評価いただき，2021年2月号まで刊行され現在は休刊中である代表的な法務実務雑誌，Business Law Journalから，ronnorに対し，辛口書評の連載のお声がけを頂きました。これはまさに，発信をしたことをきっかけに，次の発信の機会をいただけるということで，まさに発信の副次的な効果だと言えるでしょう。

　Business Law Journalにおける辛口書評連載は，編集部のご好意や，読者の皆様からのご好評のお陰で，2015年2月号（2014年12月20日発売号）から，2021年2月号（2020年12月21日発売号）の同誌の休刊まで，5年以上の長きにわたり，継続することができました。ここでは，継続の重要性について言及したいと思います。つまり，一度の発信だけで「反応がなかった，自分には向いていない」等と諦めるのは，もったいないことであると考えます。あえて発信するのであれば，一定程度継続をしてみましょう。継続の中で，自分なりの発信のやり方やコツも掴めてくるでしょうし，多く発信することでそのうちの1つが誰かの琴線に触れる可能性が高まります。もちろん，無理に毎日継続すること等は疲れてしまって逆効果かもしれませんが，自分のペースでいわば「気長に緩く継続する」というのが，発信の価値を最大化させる方法だと考えます。

　dtkは，法務に関係ない内容でも単なる日記でも何でもいいから，とにかく毎日何らかのエントリを載せる，ただし，毎月，一定数の法律書の感想や雑誌の記事の感想，企業法務の中で考えたことのメモは含める

ようにするという方針でブログをここ数年続けています。このような継続の結果，定期的に（場合によっては毎日！）そのブログをチェックしているという，企業法務の担当者の方からの反応をいただいています。

## 5　書籍執筆

　前述したBusiness Law Journal辛口書評連載は，ronnorによる書籍執筆につながりました。すなわち，Business Law Journal2019年8月号122頁において，京野哲也ほか『Ｑ＆Ａ若手弁護士からの相談374問』（日本加除出版，2019年）を取り上げて，かなり辛口の指摘を含む書評をしました（なお，同書にだけ辛口の指摘をするのではなく，連載においては取り上げる全ての本に対して辛口の指摘をしていました。）。そうしたところ，京野から「そこまで真摯に指摘をしてくれるのであれば，この本のシリーズをより良くする試みに協力してくれないか。次は企業法務を想定しているから，ronnorさんの得意分野のはずですよね」という趣旨の連絡があり，『Ｑ＆Ａ若手弁護士からの相談203問　企業法務・自治体・民事編』（日本加除出版，2022年）の執筆に協力することになりました。

　まるで「わらしべ長者」の物語のようですが，ブログから雑誌連載へ，そして雑誌連載から書籍執筆へと，発信が反響を呼び，様々な経験を積むことができています。

　このようにして出来上がった「203問」にdtkが突込み半分の感想をSNSとブログで書いたところ，その次の「199問」にdtkが参加するに至りました。「わらしべ長者」の物語はこのような続き方をすることもあります。こうした展開もアウトプットを継続することの利点であると言えます。

## 6　SNS

　ブログで気になった本を紹介したり，リサーチ結果をまとめて紹介したりすることでも，なおハードルが高いと思われる人もいるかもしれません。そのような人には，SNSを利用して発信することが比較的ハードルが低いように思われます。

　例えば，SNSで入手した新刊の写真をアップする人や，読んで良かった本について言及する人はよく見かけます。このような行為は，SNS上でフォローし合っている人同士が，お互いに「他の弁護士・法務パーソンはどのような本を読んでいるのだろうか」という点に関心を持っていることから，まさにその関心に応えるという意味で有益な行為です。もちろん，その「言及」が具体的な中身に入っていけば行くほど，価値は高まり，また，ブログ上の書評等につながるのでしょうが，最初からそ

のような質の高さを求めるよりは，例えば「毎回本を購入したら購入報告を投稿しよう」といった程度でも，実は多くの人の役に立っているのです。また，例えばX（旧Twitter）であれば，140文字しか入力できないわけですので，その範囲での感想を投稿するということであれば，時間的にも労力的にも，心持ち的にも「書評記事を書く」よりはかなりハードルが下がるように思われます。

　法律書の刊行点数からすれば，それらをくまなく自分でチェックするというのは不可能でしょう。一定の素養・経験のある人があらかじめ選んでくれたものから自分でチェックするという形を取ると効率が良いと思われます。ある人のSNSの投稿を続けて見ていると，投稿主がどのような素養・経験を有し，自分の好みを含めて「信頼できる」相手かどうかをある程度見極めることができます。その「信頼できる」相手の目から見て，その本はどう見えるのかというのは自分の法律書探しの効率化にも資するわけです。また，自分が感想を発信する側になり，それが続くと，自然と法律書に対する感度も上がるようになります。こうした点はリサーチなどをする上でも有用です。

## 7　気軽に開始し，無理なく継続する

　ここまで，これまでの筆者らの発信経験を踏まえた，リサーチ結果を発信することの意義や利点を簡単にまとめてきましたが，前提として，重要なのは「気軽に開始し，無理なく継続する」ことであると考えます。「完璧なものでなければ発信できない」等と心理的なハードルを自分で高めるのではなく，まずは「今日こんな本を買ったよ！」という発信から始めてみませんか？　もしその際に本書が「今日買った本」に含まれるとすれば，筆者らとしてこれ以上の喜びはありません。

# キーワード索引

# 著者略歴

## 弁護士　京野哲也（きょうの　てつや）

| | |
|---|---|
| 平成 3 年 | 弁護士登録 |
| 平成12年 | 東京フィールド法律事務所を設立 |
| 平成20年 | 最高裁判所司法研修所教官（民事弁護）平成23年度年まで |
| 平成24年 | 司法試験予備試験考査委員（民事訴訟法）平成26年度まで |
| 平成27年 | 筑波大学法科大学院教授（ロースクール）平成30年度まで |
| 平成31年 | びほく法律事務所（岡山県高梁市）開所 |
| 令和 4 年 | 岡山大学客員教授 |

著作等：

『こんなときどうする　法律家の依頼者対応』（編著：学陽書房，2023年）

『民事反対尋問のスキル　いつ，何を，どう聞くか？』（編著：ぎょうせい，2018年，2023年［第 2 版］）

『Q＆A若手弁護士からの相談199問　特別編―企業法務・キャリアデザイン』（編著：日本加除出版，2023年）

『Q＆A若手弁護士からの相談203問　企業法務・自治体・民事編』（編著：日本加除出版，2022年）

『クロスレファレンス 民事実務講義』（ぎょうせい，2011年，2015年［第 2 版］，2021年［第 3 版］）

『Q＆A若手弁護士からの相談374問』（編著：日本加除出版，2019年）等

## ｒｏｎｎｏｒ

法学部卒業後ロースクールを卒業。現在はある企業で法務を担当。

約10年の法務経験を生かし，Business Law Journalでは，「企業法務系ブロガー」として，辛口法律書レビューを連載。

著作等：

『Q＆A若手弁護士からの相談199問　特別編―企業法務・キャリアデザイン』（共著：日本加除出版，2023年）

『Q＆A若手弁護士からの相談203問　企業法務・自治体・民事編』（共著：日本加除出版，2022年）

『アニメキャラが行列を作る法律相談所』（単著：総合科学出版，2011年）

Blog：http://ronnor.hatenablog.com

X（旧Twitter）：@ahowota

# dtk

法学部卒業後に入社した会社で法務部配属及び社費留学で米国ロースクールLLMコース修了。その後日米の企業で企業法務の担当者・管理職を経験。その間に米国ニューヨーク州弁護士登録及び日本の司法試験に合格。司法修習後，弁護士登録。弁護士事務所勤務等を経て，現在日本の上場企業の法務部長として勤務。

著作等：

『Q&A若手弁護士からの相談199問　特別編—企業法務・キャリアデザイン』（共著：日本加除出版，2023年）

X（旧Twitter）：@dtk1970

Q&A 若手弁護士からの相談99問
特別編——リーガルリサーチ

2024年6月18日　初版発行

編著者　京　野　哲　也
発行者　和　田　　　裕

発行所　日本加除出版株式会社
本　　社　〒171-8516
　　　　　東京都豊島区南長崎3丁目16番6号

組版　㈱粱川印刷　印刷　㈱精興社　製本　牧製本印刷㈱

**定価はカバー等に表示してあります。**
落丁本・乱丁本は当社にてお取替えいたします。
お問合せの他、ご意見・感想等がございましたら、下記まで
お知らせください。

〒171-8516
東京都豊島区南長崎3丁目16番6号
日本加除出版株式会社　営業企画課
電話　03-3953-5642
FAX　03-3953-2061
e-mail　toiawase@kajo.co.jp
URL　www.kajo.co.jp

© 2024
Printed in Japan
ISBN978-4-8178-4955-7